Vorwort

Es ist nichts Neues, dass sich das Leben eines Menschen in unterschiedlichen Phasen abspielt. Mal sind sie aufregend und schön, mal langweilig und schlecht. Und manchmal hat man das Gefühl etwas in seinem Leben verändern zu müssen, mal etwas ganz Andres zu tun wie bisher.
Obwohl mein Leben bisher noch nie langweilig war, hatte ich kürzlich mal einen Moment, der mich dazu brachte etwas Neues zu versuchen, damit mein Leben wieder in Fluss kam.
Und so entschloss ich mich, mir mal ein Segelboot aus der Nähe anzusehen, in der Hoffnung, dass es mich zu neuen Ufern bringen möge…

01   Der Blues

Es ist kaum fünf Wochen her, da ich meinen einundsechzigsten Geburtstag gefeiert habe.
Die Kinder sind erwachsen geworden und leben ihr eigenes Leben. Hin und wieder gibt es einen Anruf oder auch gelegentliche Besuche. Doch im Grunde haben sie sich eingerichtet und verbringen die meiste Zeit mit ihrer eigenen Familie, was auch gut so ist.

Nach zwei Ehescheidungen und etlichen Beziehungen ist bei mir eine Lebensphase ohne Frau eingekehrt.
Im Grunde habe ich für den Moment auch keine Lust auf Frauen in meinem Alter. Irgendwie scheinen sie alle ein wenig verpsycht zu sein. Entweder verunstalten sie ihren Körper mit irgendwelchen Tattoos oder glauben den Frühling noch einmal erleben zu müssen, obwohl den der Herbst schon längst abgeholt hat und sie sich quasi im Winter ihres Lebens befinden, ohne es überhaupt wahrhaben zu wollen.
Oder aber, sie schaffen sich einen Hund an, lassen sich ihre Haare bis in den Nacken hochschneiden oder bilden sich irgendetwas ein, auf was auch immer?
Oder beides oder alles drei?

Und die jüngeren? Die jüngeren gehen mich nichts mehr an. Entweder würden sie mich noch schneller alt werden lassen, oder aber, wenn sie schlau sind, mich eines Tages mit meinem Rollator in die Ecke schieben und mit Männern im Alter meines Sohnes auf Wolke sieben davonschweben.

Im Übrigen verbietet mir meine ältere Tochter, mit den Worten: „Papa lass meine Freundinnen in Ruhe!" den Umgang mit jungen Frauen, da sie nicht möchte, dass der Onkel oder die Tante ihrer Kinder jünger sind als diese.

Außerdem habe ich keine Lust mehr auf irgendwelche sexuellen Spielchen, bei denen ich zu Höchstleistungen aufgefordert werde. Dieses blöde Gestöhne geht mir eh auf den Sack und wenn sie mich dann auch noch zwingen über ihr angewinkeltes Knie zu klettern, um ins Tal der Lüste abzusteigen, denke ich immer: "Verdammt noch mal, kannst du deine Beine nicht gerade halten, du weißt doch, dass ich mit meinem lädierten Kreuz, nicht über dich steigen kann!"

Im Job läuft es wie immer. Routine nach 44 Berufsjahren, auch nichts Aufregendes mehr. Das kleine Städtchen, in dem ich lebe verändert sich nur langsam und ich habe längst damit aufgehört, jeden Stein zu begrüßen, den ich kenne, denn ich kenne sie alle.

Im Freundeskreis läuft es auch wie immer.
Es ist schön Freunde zu haben. Doch auch hier passiert nicht mehr allzu viel, denn längst sind die Zeiten vorbei, da man sich die Frauen gegenseitig ausge-

02 Impressum

Bibliografische Information der Deutschen Nationalbibliothek:
Die Deutsche Nationalbibliothek verzeichnet diese
Publikation in der Deutschen Nationalbibliografie,
detaillierte bibliografische Daten sind im Internet über
dnb.dnb.de abrufbar.

Verlagsgruppe BoD - Books on Demand.

© 2016 Jürgen Bahro

Herstellung und Verlag:

BoD - Books on Demand, Norderstedt

Herausgabe: 1. Urversion Oktober 2016

ISBN: 9 783741 275012

spannt hat und so für viel Verwirrung oder Gesprächsstoff gesorgt hatte. Mittlerweile schätzt man sich und verbringt die Freizeit miteinander.

Und dann …?

Und dann kommt der Tag, an dem du denkst, dass dein Leben, so wie ein Stück Holz in einem langsam dahinfließenden Fluss vor sich dahintreibt. Es gibt keine Ereignisse, die dafür sorgen, dass ein wenig Abwechslung die tägliche Routine durchbricht.

Und dann …?

Und dann musst du selbst dafür sorgen, dass du diesen eintönigen Kreislauf durchbrichst und auf einmal irgendetwas ganz anderes machst, als je zuvor.

Du musst aufbrechen zu neuen Ufern! Jawohl zu neuen, nein, nein nicht zu andern Ufern…

Denn so schlimm war es um meine Abneigung gegenüber Frauen auch wieder nicht gestellt, dass ich zu anderen Ufern aufbrechen müsste!

Nein, ganz im Gegenteil, es wird der Tag kommen, so war ich mir sicher, da mir eine super tolle Frau schöne

Augen machte und ich darin versinken würde, wie in einen tiefen blauen See. Doch bis dahin galt es Neues zu erleben, denn auch das hatte ich schon das eine oder andere Mal erlebt und am Ende blieb der See dann irgendwie immer trübe oder wandelte sich von Blau zu Blues.

Also galt es nun, frei nach dem Motto:

Keinen Blues mehr, nur noch Rock`n`Roll, dem tristen Alltag entgegenzutreten!

Naja, natürlich nur so viel Rock`n`Roll, wie ich selbst vertragen würde.

03 Rock`n`Roll

Dem Horoskop nach bin ich ein Krebs, also ein Wasserzeichen. Und ich lebe im Allgäu, unweit vom Bodensee entfernt. Und deshalb ist der Plan, der mein eintöniges Leben revolutionieren soll, das Bodensee-Schiffer-Patent zu machen!
Das hätte gleich mehrere Vorteile in Bezug auf meinen Job als Schreibtischtäter, so bildete ich es mir ein. Zum einen wäre ich ständig an der frischen Luft, zum anderen müsste ich mich ein wenig bewegen und zum dritten wäre es sehr schön, so ganz relaxt auf einem Segelboot zu liegen und ein wenig in der Sonne zu entspannen. – Ein guter Plan, wie mir schien, wenngleich ich zugeben musste, dass sich ein hübsches Seehäschen auf dem Vordeck einer Yacht, rein optisch, besser machen würde, als ich alter Mann!

Erst kürzlich war ich mit meinen Freunden in Tschechien, um auf der Moldau um Krumlov herum Boot zu fahren. Es war eine tolle Woche.
Ganz langsam wand sich der Fluss durch die grünen Täler und nur ab und zu, wenn es galt über eine Wasserrutsche für Schiffe die Wehre zu überwinden, wurde es etwas spannender.
Man musste sich schon gut am Boot festhalten, um unbeschadet den kleinen Wasserfall hinunter zu kommen.
Nur einer von uns hatte dies wohl vergessen und fiel bereits am ersten Wehr aus dem Boot, was ihm den

Titel des „Perlentauchers von Krumlov" einbrachte.

Im Nachhinein hatten wir noch kurz diskutiert, ob es nicht besser gewesen wäre die Schwimmwesten anzulegen. Denn unserer Perlentaucher war bei seinem Sturz unter das Schlauchboot geraten und hatte sich Arm und Schienbein, an der Betonwand angeschlagen. Für einen Moment hatte er die Orientierung verloren und auch ein wenig Wasser geschluckt!

Mit ein wenig mehr Pech, hätte er sich auch den Kopf anschlagen können und wäre möglicherweise bei seinen Perlen unter Wasser geblieben.
Aber es war noch einmal gut gegangen und außer dem Spott und dem Verlust der Brille sowie der Kopfbedeckung war nichts zu beklagen.
Und so paddelten wir für den Rest des Tages dahin, wohl wissend, dass es einem von uns in seiner nassen Bekleidung etwas kälter war als uns, denn einen richtigen Sonnentag hatten wir nicht erwischt.

Das war die eine Schifffahrtserfahrung, die ich erst kürzlich gemacht hatte.
Davor waren wir schon etliche Male mit den Kindern am Bodensee, um Tretboot zu fahren. Jedes Mal war der See ruhig und wir mieteten uns für ca. eine Stunde ein Boot, mit dem wir gemütlich in Ufernähe dahin wackelten.
Ein anderes Mal nahm mich ein Freund auf seinem kleinen Segelboot mit hinaus auf das Schwäbische

Meer, wie der Bodensee auch genannt wird. Leider hatten wir an diesem Tag Flaute und so warfen wir den Motor an, um zurück ans Ufer zu gelangen.

Ausgestattet mit dermaßen viel Erfahrung und dem nötigen Optimismus ein ganz hervorragender Schiffsführer zu werden, fragte ich im Landratsamt des Bodenseekreises in Friedrichshafen nach, wo ich am Bodensee das Patent erwerben konnte.
Dort nannte man mir ein paar Segelschulen rund um den Bodensee, bei denen ich mich anmelden konnte. Ich besuchte also die Segelschulen zunächst im Internet, um mir ein Bild zu machen.
Dabei erfuhr ich, dass ich das Patent entweder zeitlich am Stück (innerhalb von zwei Wochen) oder nach Vereinbarung in Etappen machen konnte.

Für mich stand fest, es innerhalb der angebotenen zwei Wochen zu machen und ich deshalb einen Jahresurlaub der anderen Art einzuplanen hatte.

Am Stammtisch fand man meine Idee gut und wunderte sich, wie ich immer wieder auf neue Gedanken kam, um mein Leben im Fluss und interessant zu halten.
Als einer meiner Stammtischbrüder fragte, ob denn auch Schwangere den Segelschein machen dürften, verstand ich seine Anspielung auf meinen Bauch sehr wohl. Aber irgendwie schleppte ich diesen Medizinball schon seit Ewigkeiten mit mir herum, ohne je ein

Mittel gefunden zu haben ihn los zu werden.
Ein anderer meinte, dass meine Kugel doch auf See nur von Vorteil sein könnte, weil wenn ich einmal über Bord ginge, wäre die Wahrscheinlichkeit, dass ich nicht ertrinke ziemlich hoch, denn Fett schwamm bekanntlich oben.
Ich wusste gar nicht, was die wollten. Schließlich war ich am ganzen Körper eher schlank und wenn dem nicht so wäre, dann würde sich der Bauch auch nicht so sehr vom Rest abheben.
Und von hinten sah ich ohnehin klasse aus!

Meine Wahl fiel auf die Segelschule Fischer in Wasserburg, nicht zuletzt deshalb, weil wir gerade meine jüngste Tochter nach Tettnang umgezogen hatten, von wo aus es nur eine knappe viertel Stunde zum Hafen in Wasserburg war. Sie würde in einem Monat eine Schulausbildung hier machen und so stand die Wohnung bis dahin leer und bot mir eine Unterkunft für die zwei Wochen Boots-Ausbildung am Bodensee.

Das fühlte sich durchaus nach Urlaub an und so war ich sehr guter Dinge, um die unwissende Landratte in einen mutigen Seewolf zu verwandeln.

Rock`n`Roll, yeah!

04 Das Bodensee-Schiffer-Patent

Was ist eigentlich das Bodensee-Schiffer-Patent? Kurz gesagt handelt es sich beim Bodensee-Schiffer-Patent um einen Führerschein, der dazu berechtigt, den Bodensee mit Schiffen zu befahren.

Es gibt 4 Kategorien, in die das Patent aufgeteilt ist:

Kategorie A befähigt jemanden ein Motorboot mit Motor über 4,4 kW und/oder ein Fahrgastschiff mit maximal 12 Fahrgästen zu fahren.

Kategorie B erteilt die Erlaubnis zum Führen eines Fahrgastschiffes mit mehr als 12 Fahrgästen.

Kategorie C regelt das Fahren mit einem Güterschiff.

Kategorie D erlaubt das Führen eines Segelbootes mit Motor bis 4,4 kW und einer Segelfläche über 12 qm.

Wenn das Segelboot mit einem Motor über 4,4 kW ausgestattet ist, muss das Patent der Kategorie A (Motorboot) dazu erworben werden.

05 Der Sportbootführerschein Binnen

Was ist eigentlich der Sportbootführerschein Binnen?

In Deutschland muss jeder Führer eines Sportbootes, dessen Motor eine Leistung von 11,03 kW übersteigt, den Sportbootführerschein Binnen für Binnengewässer erwerben.
Allerdings besteht die Möglichkeit als Inhaber des Sportbootführerscheins Binnen, das Bodensee-Schiffer-Patent dadurch zu erwerben, indem man die theoretische Prüfung für das Bodensee-Schiffer-Patent ablegt, ohne den praktischen Teil nochmals zu wiederholen.
Da Deutschland nicht alleiniger Bodensee-Anlieger ist, wurde in den Anfängen der Bodensee-Schifffahrt eine eigene Schifffahrtsordnung, gemeinsam mit der Schweiz und Österreich erarbeitet. Deshalb ist es nicht möglich, mit dem Sportsbootführerschein Binnen auf dem Bodensee zu fahren.
Allerdings ist es möglich nach Erwerb der Bodensee-Schiffer-Patente der Kategorie A und D, die Patente, gegen eine geringe Gebühr, in den amtlichen Sportbootführerschein Binnen umschreiben zu lassen.

Ein weiterer Grund für die Befahrung des Bodensees ausschließlich mit dem Bodensee-Schiffer-Patent mag darin liegen, dass die Wetterverhältnisse an diesem See sehr viel unberechenbarer sind, als an anderen Binnenseen.

06 Start mit Hindernissen

Also meldete ich mich bei der Segelschule Fischer an und freute mich auf den interessanten Urlaub, denn schließlich würde ich meinen Horizont mit der Aktion „Auf zu neuen Ufern" erheblich erweitern!

Tags darauf meldete ich meinen Urlaub im Betrieb an. Und eigentlich gab es an meiner Arbeitsstelle keine Probleme, wenn ich Urlaub machen wollte. Eigentlich ging das immer ganz easy. Aber dieses Mal gab es tatsächlich ein Problem.
Wir hatten vor ein paar Monaten unsere Firma umfirmiert. Aus diesem Grunde galt es, alle Dokumente, die in unserer Datenbank steckten, mit dem neuen Firmenlogo zu bestücken. Außerdem erhielten auch unsere Produkte andere Namen. Und so musste in allen Betriebsanleitungen die neuen Namen eingefügt werden. Ebenso war es nötig, die neuen Begriffe auf unserer Homepage einzupflegen.
Außerdem und ebenso und trallalla….

Um mich kurz zu fassen, ich hatte in meiner Dokumentationsabteilung richtig viel zu tun. Und siehe da, wir hatten uns auch Termine gesetzt, wann die Arbeit fertig sein sollte.
Kurz und gut, ich musste meinen Urlaub um einen Monat verschieben, was eine Ummeldung bei der Segelschule zur Folge hatte, die aber problemlos akzeptiert wurde.

Also noch einmal vier Wochen arbeiten und dann konnte es losgehen!

In der Zwischenzeit bekam ich die Rechnung für die Ausbildung durch die Segelschule zugeschickt. Für die zwei Wochen Unterricht, also für genau 14 Tage (der Unterricht fand auch an den Wochenenden statt) hatte ich weniger als tausend Euro zu bezahlen.

Die Unterrichtszeiten waren jeweils von morgens 9:30 Uhr bis abends 17:30 Uhr angesetzt, unterbrochen von einer einstündigen Mittagspause, sodass sich daraus eine Gesamtausbildungszeit von etwa 98 Stunden ergaben. Von daher gesehen erschienen mir die Kosten nicht überhöht zu sein.

Und dann war es endlich soweit!

Am Samstag, den 30. Juli 2016 machte ich mich auf zu neuen Ufern.
Es galt sich auf einem Gebiet zu bewegen, von dem ich bisher noch keine Ahnung hatte, sieht man einmal von den einschneidenden Erlebnissen auf dem Wasser aus Kapitel 2 ab.
Nein, wenn ich ehrlich war, dann ging ich ziemlich jungfräulich an die Sache Seefahrt heran.
Und am Ende, würde ich auch meine Unschuld verloren haben, denn ich hatte es getan: Ich war zur See gefahren!

Aber zunächst hatte ich, vor lauter Aufregung einen entscheidenden Fehler gemacht. Ich war etwas zu spät von zuhause losgekommen und hatte bereits Stress pünktlich zu sein. Außerdem war ich so dumm und hatte den erst besten gebührenfreien Parkplatz in Wasserburg genommen, ohne mir darüber im Klaren zu sein, wie weit dieser vom Hafen entfernt war.
Also musste ich durch den ganzen Ort laufen und kam prompt eine viertel Stunde zu spät und total verschwitzt in der Segelschule an. So sah sicherlich kein cooler Seewolf aus!
Auf meine Entschuldigung hin, bekam ich zu hören, dass ich auch auf einem gebührenfreien Parkplatz die Parkscheibe einstellen musste, was ich natürlich in der Hektik vergessen hatte. Und so bangte ich den ganzen Vormittag, bis hin zur Mittagpause, um keinen Strafzettel zu bekommen.
Ich würde in der Mittagspause zunächst zum Auto zurücklaufen, um das Versäumte nachzuholen. Damit war die Pause auch schon rum, noch bevor sie begonnen hatte.
Aber bis dahin war Theorieunterricht angesagt, der erst begann, als wir uns alle ein wenig miteinander bekannt gemacht hatten.
Jörg, unser Ausbilder setzte uns zunächst davon in Kenntnis, dass auf einem Boot alle per Du sind und er es auch so halten wollte.
Die insgesamt 14 Kursteilnehmer waren damit einverstanden.

In einem kurzen Satz stellten wir uns einander vor und erfuhren so, dass einige dabei waren, die nur den Motorbootführerschein machen wollten.
Andere hatte bereits den Sportbootführerschein Binnen und nahmen hier nur noch an der theoretischen Prüfung teil, um das Bodensee-Schiffer-Patent zu bekommen.
Der jüngste Teilnehmer, Gordian, war gerade 14 Jahre alt geworden und durfte somit den Segelbootführerschein machen. Er hatte schon etliche Segelkurse für Kinder mit dem Optimisten, einem kleinen Segelboot, kurz Opti genannt, hinter sich und war nun ganz wild darauf, den Segelschein für die großen Segelboote zu machen.
Maria war mit ihren beiden Töchtern da. Die ältere, Lydia, hatte gerade das Abitur bestanden und sich den Segelschein zum Abschluss gewünscht. Die etwa Mitte vierzigjährige Mutter machte gleich mit, weil sie den Schein schon seit 10 Jahren machen wollte, aber niemals dazu gekommen war. Sie waren bis von Frankfurt angereist, um hier, genauso wie ich einen Aktivurlaub zu machen.
Die jüngere Tochter hatte keinen Sinn fürs Segel und musste sich daher die Zeit anderweitig totschlagen. Vielleicht würde sie ja auch einmal in 20 Jahren den Schein nachholen. Wer weiß das schon?

Dann war da noch Daniel. Ein ganz sympathischer junger Mann, von mir auf Anfang 30 geschätzt, der seine Freizeit bei der freiwilligen Feuerwehr in einem

Ort, der ca. 20 Kilometer von meinem Wohnort entfernt lag, verbrachte.
Und wo ich gerade beim Schätzen bin, Daniel war leicht übergewichtig. Er wog bei einer Körpergröße von etwa 1,80 Metern so etwa 160 bis 170 kg. Es war ganz offensichtlich, dass er meinen, auch nicht gerade super tollen Bodymaßindex, um Längen toppte. Oder besser gesagt, um Pfunde…
Man kennt solche Schwergewichte oft aus Amerika. Ich sage das nur, damit du dir ein Bild davon machen kannst wovon ich rede. Es mag auch sein, dass es bei ihm krankhaft war.
Ich würde es auch nicht unbedingt so stark betonen, wenn es sich später beim Besteigen eines Bootes oder an Bord eines Bootes, nicht sooo sehr bemerkbar machen würde.

07 Keinen Rock`n`Roll

Unser Ausbilder begann damit Bücher in die Runde zu verteilen:
Das Bodensee-Schiffer-Patent A + D mit den offiziellen Prüfungsfragen und Antworten.
Einen Schmöker von 172 Seiten, unterteilt in 10 Sachgebiete, die allesamt das Wissen rund um das Schifferpatent vermittelten.
Da ich meist ein Buch zuerst von hinten aufschlage, fiel mir sofort der Fragenkatalog von schlappen 521 Prüfungsfragen auf, die es wohl galt, nach den beiden Tagen Theorieunterricht, richtig zu beantworten.

Das hatte nun wirklich nichts mit Rock`n'Roll zu tun, nein, das war eher ein Paukenschlag! Und da selbst ein Paukenschlag seinen Wert hat, mussten wir noch ca. 20,00 € extra bezahlen, um uns dieses grandiose Werk ins Bücherregal stellen zu dürfen.

Weil ja nun ein einzelner Paukenschlag auch nicht besonders viel hergab, gab es noch einen zweiten obendrauf: Die theoretische Prüfung sollte am Donnerstag, also in 6 Tagen stattfinden.

Und obwohl ich kein Bücherleser bin, war mir sofort klar, dass ich allein 2 Tage dazu benötigen würde, dieses Buch einmal durchzulesen. Nur es gab diese 2 Tage nicht, denn ab Montag würde die ganztägige Motorboot- bzw. Segelbootausbildung beginnen, was

bedeutete, dass wir das Buch am Abend, nach einem ca. sieben stündigen Aufenthalt auf dem See, lesen mussten.
Doch unser Ausbilder war sich sicher, dass wir nach den beiden Tagen Theorieunterricht alles wissen würden, was in der theoretischen Prüfung abgefragt wurde.
Und so begann er damit, uns einen kleinen Überblick über den Inhalt zu geben. Und so hatten wir bis zur Mittagspause tatsächlich die ersten 30 Seiten durchgearbeitet (besser gesagt überflogen), was ihn zu der Bemerkung hinriss: „Es läuft!"

Wie gesagt, während der Mittagspause lief ich wieder durchs ganze Städtchen und parkte meinen Wagen dann etwas näher zum Hafen. Es war brutal heiß an diesem Tag, sodass ich abermals total durchschwitzt in den Unterrichtsraum zurückkam. So sah immer noch kein wilder Seewolf aus!

Nein, ganz im Gegenteil: Ich sah mein Selbstbewusstsein, jemals ein ganz hervorragender Schiffsführer zu werden, geradezu im Bodensee versinken.

Am Nachmittag schafften wir es noch einmal fast 30 Seiten des Buches durchzuarbeiten. Der anstrengende Unterricht wurde phasenweise durch ein paar kleine Anekdoten aufgeheitert, die sich während der zurückliegenden Ausbildungen an der Segelschule ereigneten.

So wurde u.a. vom Schanzenschorsch berichtet, der es tatsächlich geschafft hatte, mit seinem Motorboot über eine Landzunge zu schießen, um dann nach dem Hindernis einfach im Wasser weiter zu fahren.

Andere waren weitaus erfolgloser bei der Ausführung dieses Kunststückes und fuhren ihr Wasserfahrzeug an Land zu Schrott!

Außerdem hieß es, dass das Buch ja nur 138 Seiten besaß, wenn man den Fragenkatalog außer Acht ließe. Und die 521 Fragen seien ja wohl auch ganz einfach zu beantworten, da die Prüfung im Multiple-Choice-Verfahren stattfand, wonach man ja nur eine richtige Antwort aus 3 möglich richtigen auswählen musste.

Also ging der erste Tag zu Ende, mit der Gewissheit, dass das hier doch irgendwie anspruchsvoller werden könnte, als bisher angenommen.

Den Abend verbrachte ich bis weit nach Mitternacht damit, das Buch zu lesen und mich mit einigen der Prüfungsfragen auseinander zu setzen.

Immerhin wusste ich heute schon, was das Bodensee-Schiffer-Patent ist, dass der Bodensee 63 Kilometer lang und 14 Kilometer breit ist, dass seine tiefste Stelle 254 Meter beträgt und dass es jede Menge Wind dort draußen gab, der zuweilen ganz schön fies werden konnte.

Ich hatte mich ein wenig mit Wetterkunde, Starkwind- und Sturmwarnungen, mit der Bodenseenavigation, der Pegelberechnung, Wasserständen, sowie Fahrwasser- und Schifffahrtzeichen auseinandergesetzt.

Ich hatte gehört, dass es eine gewisse Lichterführung an Booten gab, die nichts mit einem Fackelumzug an Silvester oder Sankt Martin zu tun hatte. Ich hatte erfahren, dass es schwimmendes Gerät, Notzeichen und Schallsignale gab, ohne wirklich zu wissen, was sie bedeuten.

Dazu wurden uns Begriffe rund ums Segelboot erklärt. Da gab es stehendes und laufendes Gut. Das sogenannte Rigg kannte ich bis dahin nur aus der Filmserie „Mit Schirm, Charme und Melone", wo eine gewisse Diana Rigg, die zweifelsohne auch eine super Takelung hatte, die Hauptrolle spielte und ich lernte, dass ein Segel einen Kopf und einen Hals hatte, was mir bis dahin ebenfalls verborgen geblieben war.

Wir übersegelten (nein, es muss hier „überflogen" heißen) das Reffen und die Reff-Einrichtungen, Ausrüstung und Beschläge, Wirtschafts- und Sanitäreinrichtungen, streiften das Tauwerk und bekamen einen Überblick über die Seemannsknoten, die wir irgendwann auch noch zu lernen hatten.

Uns wurde beigebracht, dass man nicht gegen den Wind segeln kann und nicht vor dem Wind segeln

möchte. Und uns wurde beigebracht, dass es nicht nur den Wind schlecht hingab, nein, es gab auch noch einen raumen, einen halben, einen wahren und einen scheinbaren Wind.
Und je mehr er blies, umso höher war die Windstärke und wenn er nicht blies herrschte Flaute.

Flaute herrschte an diesem Abend auch in meinem Kopf. Zu viele neue Begriffe begriff ich nicht und es sollten noch mehrere dazu kommen, denn schließlich hatten wir ja erst das erste Viertel des Buches „durchgearbeitet".
Und mir schien, dass mein Weg zu neuen Ufern noch ganz schön lang werden könnte.

Doch wie auch immer, ich kam mit einer mir fremden, neuen Welt in Berührung, die sich sehr, sehr interessant anfühlte.

Und ich wurde sehr, sehr erfinderisch bei der Bearbeitung des Lernstoffes.
Um mir bei wenigsten ein paar Begriffe zu merken, fing ich an eine Menge Eselsbrücken zu bauen.

Wie merkt man sich z.B., dass Steuerbord die rechte Seite eines Schiffes ist?
Ganz, ganz einfach: Wer will Steuern von mir? Der Rechts-Staat! Also ist Steuern(-bord) rechts.
Und wenn Steuerbord rechts ist, dann bleibt für Backbord nicht mehr viel übrig, nämlich nur noch links.

Und der Bug ist vorne, weil das Heck hinten ist. Also vorne ist beim Menschen der Bauch (bei mir in Form eines Medizinballes), also Bug und hinten ist der Hintern (bei mir, schon noch knackig, aber eher schlank), also Heck!
Achtern heißt übrigens auch hinten und es ist deshalb hinten, weil es hinten den „A(ch)fter(n" gibt.

Und weil ich den ganzen Tag im Unterricht saß und mich anschließend noch stundenlang über dieses Buch beugte, tat mir nachts alles achtern weh, nein nicht der After, sondern das Kreuz, sodass ich mich unter Schmerzen und mit einem vollen Brummschädel todmüde ins Bett fallen ließ.

Morgen würde die Reise weitergehen…

08 Noch mehr Theorie

Am Sonntagmorgen, den 31.07.2016, war ich pünktlicher. Ich hatte die Nacht in Tettnang verbracht und deshalb eine wesentlich kürzere Anfahrt als am Tag zuvor, außerdem war mir jetzt bekannt, wo ich das Auto zu parken hatte, um nicht durch den ganzen Ort laufen zu müssen.
An diesem Tag begaben wir uns zunächst einmal auf die Mole des Wasserburger Hafens, um uns die Lichterführung an den Schiffen anzusehen, die dort lagen.

Klar war uns inzwischen, dass die rechte Seite eines Bootes Steuerbord hieß. Wir konnten sehen, dass ein grünes Seitenlicht Steuerbord anzeigte und ein rotes Seitenlicht Backbord. Dazu gab es ein weißes Rundumlicht, oben am Mast eines Segelschiffes.
Die Hafeneinfahrt war so gekennzeichnet, dass von See kommend ein grünes Licht die rechte Seite der Hafeneinfahrt markierte und ein rotes Licht, die linke Seite. Also deckten sich die Farben, wenn ein Schiff in den Hafen einfuhr, grünes Licht passierte grünes Licht, rotes Licht passierte rotes Licht.
Bei der Ausfahrt aus dem Hafen war es genau entgegengesetzt: Rotes Licht am Schiff passiert grünes Licht an der Hafenmauer und grünes Licht am Schiff passiert rotes Licht an der Hafeneinfahrt.
Außerdem konnte man in der Dunkelheit an den farbigen Lichtern erkennen, ob ein Schiff auf dich zu kam oder von dir wegfuhr. War das grüne Licht von dir aus

gesehen rechts, so fuhr es von dir weg, war es rot, so kam es auf dich zu.

Da der Wasserburger Hafen nur eine Mole besitzt und nicht so wie der Lindauer Hafen eine „echte" Hafeneinfahrt, gibt es in Wasserburg nur ein rotes Licht an der Mole als Kennzeichnung der linken Hafeneinfahrtseite, von See herkommend.

Bei der Gelegenheit lernten wir noch, dass die Pfosten oder Pfähle, die die Anlegeboxen im Hafen markierten nicht Pfosten oder Pfähle, sondern Dalben hießen.

Genauso verhielt es sich mit dem Pegelstand im Hafen. Der an der Mole angebrachte Pegel zeigte stets die Wassertiefe des Pegels in Konstanz an. Der Normalpegel in Konstanz liegt bei 2,50 Meter. Um die tatsächliche Wassertiefe in einem Hafen am Bodensee zu berechnen, musste man das Hafenhandbuch des jeweiligen Hafens hinzuziehen. Dann galt es die jeweilige Differenz zum Normalpegel von den im Hafenbuch eingetragenen Werten entweder abzuziehen oder dazuzuzählen. Also auch das war, auf den ersten Blick, nicht so einfach zu verstehen.

Jörg, der Besitzer der Segelschule war zugleich Hafenmeister und hatte dementsprechend viel zu tun. Er sorgte dafür, dass es ordentlich im Hafen zuging und kontrollierte, ob die in seinem Gebiet verkehrenden Sportboote sich an die Regeln der Bodenseeschifffahrtsordnung hielten.

Er kassierte die Hafengebühr und wies den einlaufenden Schiffen ihre Liegeplätze zu, wenn es noch freie gab. Am Gästesteg herrschte reger Verkehr, wenn die Boote zu einem kurzen Stopp einliefen, damit die Besatzung eine kleine Kaffeepause machen konnte.

Wir machten keine Kaffeepause, denn es galt in unserem Lehrbuch die nächsten Seiten durchzuarbeiten. Also versammelten wir uns wieder in dem etwa 20 qm großen Schulungsraum, wo wir das Erlernte vom Vortag ein wenig vertieften.
Uns wurde beigebracht, dass die Vorfahrtsregeln für Motorboote untereinander andere waren, als die bei Segelbooten untereinander.
Außerdem sprachen wir hier nicht von Vorfahrtsregeln, sondern vom Wegerecht. Unter den verschiedenen Wasserfahrzeugen gab es auf dem Bodensee ganz klar definierte Wegerechte, an die sich jeder halten musste. In Bezug auf das Wegerecht gab es manchmal Probleme, weil die zahlreichen Hobbysportler sich nicht die entsprechenden Kenntnisse angeeignet hatten.
Wir hingegen lernten heute, dass Jollen formstabil- und Kielyachten gewichtsstabil waren. Unbewusst fiel mein Blick auf Daniel, der durch sein Gewicht möglicherweise auch eine formstabile Jolle gewichtsstabil machen konnte.
Des Weiteren wurde uns erklärt, dass die Luv- oder

Leegierigkeit nichts damit zu tun hatte, auf welcher Seite des Schiffes eine hübsche Frau saß. Sie hatte viel mehr mit dem Segeldruck- oder Lateraldruckpunkt am Boot zu tun, was immer dies auch heißen mochte.

Außerdem sprach man bei Schiffen von Verdrängern oder Gleitern. Und so kam es, dass je mehr wir uns durch den Lehrstoff gleiten ließen, es mir nicht gelingen wollte den Zweifel zu verdrängen, jemals die theoretische Prüfung zu schaffen.
Der Stoff wurde immer mehr und umso mehr er wurde, umso schwerer schien es mir, mir überhaupt etwas merken zu können.

Selbst die Mittagspause konnte nicht wirklich zur Entspannung beitragen. Ich nahm einen kleinen Imbiss am Kiosk neben der Segelschule und war überrascht, was für einen guten Kaffee sie kochten. Bald hatten die Betreiber des Kiosks mitbekommen, dass wir zur Segelschule gehörten und so war es kein Problem, den Kaffee mit in den Schulungsraum oder auf die kleine Terrasse davor mitzunehmen.
Es herrschte eine wirklich tolle Atmosphäre hier in dem kleinen Hafen von Wasserburg, wenngleich der Lehrstoff wie ein Damoklesschwert über mir schwebte.
Ab Seite 61 im Lehrbuch wurde die Praxis des Segelns beschrieben, sodass wir dieses Kapitel ausließen, da es nicht Bestandteil der theoretischen Prüfung war.

Dafür erfuhren wir eine Menge über Motorboote, deren Motoren, Propeller, Gas- und Tankanlagen und so weiter und so weiter. Auch beim Vermitteln des Brandschutzes ließ Jörg nichts anbrennen.

Das nächste Kapitel befasste sich mit dem Fahren mit dem Motorboot und war ebenfalls nicht Bestandteil der theoretischen Prüfung.

Das gehörte zur Praxis und mit dem Praxisunterricht sollte am Montag begonnen werden.

Am Schluss des zweiten Theorietages überflogen wir noch den Teil mit den Prüfungsfragen und den Antworten. Es fiel auf, dass den Prüfungsfragen jeweils nur die richtige Antwort angehängt war.

Wir wurden darüber aufgeklärt, dass der Verlag des Lehrbuches nicht die Lizenz zum Abdruck der originalen Prüfungsfragen hatte. Deshalb war es nötig entweder im Internet eine kostenpflichtige Lernapp herunterzuladen oder das „Übungsbuch zum Schifferpatent mit dem Frage- und Antwortkatalog nach dem Multiple-choice-Verfahren" zu kaufen. Also nochmal 18,00 € obendrauf.

Dann wurden noch kurz die Gruppen eingeteilt, wie sie am Montagmorgen an den praktischen Ausbildungen fürs Motor- bzw. Segelboot antreten durften.

Ich wurde zunächst der Gruppe für die Motorbootausbildung zugewiesen.

Noch einmal legte man uns nahe, Sonnencreme und Sonnenbrille nicht zu vergessen, denn das war unbedingt auf dem See nötig, um sich vor einem Sonnenbrand und dem Blenden durch das Wasser zu

schützen. Empfohlen wurde auch noch entsprechende Kleidung zu tragen und einen Kopfschutz zu benutzen.
Ausgestattet mit so viel Wissen wurden wir damit in den Sonntagabend verabschiedet.
Bereits am Donnerstagmorgen, also in 4 Tagen, war die theoretische Prüfung angesetzt. Um uns noch etwas zu beruhigen, hieß es, dass wir dort nur einen Fehler machen durften, um nicht durchzufallen.

Das hörte sich mal richtig klasse an!

In dem Fragen- und Antwortkatalog reduzierte sich die Anzahl der Fragen von ursprünglich 521 auf 471, was die Sache natürlich wesentlich vereinfachte.

Folgende Fachbereiche sollten demnach abgefragt werden:
Rechtsverhältnisse am Bodensee, Beschreibung des Bodensees, Patentbestimmungen, Zulassungsbestimmungen, Besatzung und Kennzeichen, Allgemeine Verhaltensvorschriften, Schallzeichen, Lichter- und Flaggenführung, Schifffahrtszeichen, Ausweich- und Fahrregeln bei Motorbooten, Fragen zu gewissen Rheinstrecken, Praktische Seemannschaft, Motorenkunde, Gebrauch der Seekarte, Bezeichnung von Fahrwasser und Untiefen, Fragen zur Navigation, Wetterkunde, Sturmwarn- und Seenotrettungsdienst, Segelboote und deren Bedienung und Ausweichregeln mit Segelbooten.

An diesem Abend fuhr ich noch einmal nachhause, um mich mit den notwendigen Sachen zu versorgen.

Dann nahm ich den Fragen- und Antwortkatalog zur Hand, um mich mit den Prüfungsfragen zu beschäftigen. Bald musste ich jedoch feststellen, dass es mit dem bloßen Auswendiglernen der richtigen Antworten nicht getan war.
Es gab Fragen, speziell bei den Ausweichmanövern, die einen gewissen Sachverstand voraussetzten. Also nahm ich das Buch „Bodensee-Schiffer-Patent" dazu und versuchte mich parallel mit beiden Büchern durch den Stoff zu arbeiten.
Für die Bearbeitung der ersten 80 Fragen benötigte ich eine gute halbe Stunde, hochgerechnet auf alle 471 Fragen, wäre ich dann gute drei Stunden unterwegs.
Das erschien mir an diesem Abend zu lange und so ließ ich es gut sein und fiel um Mitternacht todmüde ins Bett.
Auf was hatte ich mich da bloß eingelassen?

In dieser Nacht sah ich mich als verwegener Kapitän am Bug eines Piratenschiffes stehen, der eine große Seeschlacht gewann. Er selbst warf sich in die Seile, um das gegnerische Schiff zu entern! Was für ein Kerl!

Irgendwie schien mir mein Unterbewusstsein sagen zu wollen: „Du schwingst dich jetzt genauso tollkühn, wie sich dieser Pirat durch die Lüfte schwang, durch den Prüfungsstoff, du verwegener Seewolf!"

„Rock'n'Roll, mein Guter", schien mir außerdem noch jemand durch Sturm und Wellen zuzurufen!

09 Motorboot yeah!

Am 01. August 2016 sollte ich also zum ersten Mal in meinem Leben den Zündschlüssel eines Motorboots eigenhändig ins Zündschloss schieben und umdrehen!

Bis dahin dauerte es jedoch noch ein wenig. Zunächst waren Trockenübungen an Land angesagt.

Jörg versetzte uns auf „Wolke sieben", von der ich bisher auch nur in einem anderen Zusammenhang gehört hatte (siehe Seite 1). Und nein, es war nicht der Versuch uns dazu zu bringen, uns in den gigantischen Prüfungskatalog zu verlieben.
Nein, Wolke sieben stand für ein Kürzel, nach dem es galt einige Dinge zu beachten, bevor man mit dem Motorboot in See stach.
Es stand für die Überprüfung des Bootes:
Wasser, **O**el, **L**uft, **K**raftstoff und **E**lektrizität mussten auf Vollständigkeit bzw. auf Funktion geprüft werden. Die sieben stand für Sicherheitsausrüstung.

Und wenn Jörg vom maritimen Haufen sprach, dann waren nicht die verwegenen und betrunkenen Seeleute gemeint, sondern die Bestandteile der Sicherheitsausrüstung, die ständig an Bord sein mussten, um sich in einer Notsituation selbst helfen zu können, oder um Hilfe herbei zu rufen! Alkohol am Steuer eines Bootes war übrigens ebenso verboten, wie am Steuer eines Autos. Bei Nichtbeachtung dieser Regel konnte man

durchaus auch den Bootsführerschein, nebst Autoführerschein, verlieren. Doch an Alkohol hatte ich während der zwei zurückliegenden Tage überhaupt nicht gedacht.
Zu gewaltig erschien mir nun plötzlich mein Vorhaben dieses Patent zu erwerben und deshalb galt es hundertprozentig bei der Sache zu sein.

Nachdem wir also den maritimen Haufen aus dem Schulungsraum verbannt hatten, wurden uns noch die Schwimmwesten (übrigens ein Bestandteil des maritimen Haufens) erklärt, bevor wir damit begannen einige Seemannsknoten zu knüpfen.

Ich jedoch hatte meinen Schwerpunkt auf die Prüfungsfragen gelegt. Denn die praktische Prüfung wäre ohnehin erst in zwei Wochen und somit hätte ich genügend Zeit die Knoten bis dahin einzustudieren. Also las ich noch ein wenig in den Büchern nach, derweil die anderen am Rumknoten waren.

Wesentlich einfacher als die Technik des Knotens verhielt es sich mit dem Vorrangrecht für Motorboote auf dem Bodensee: Als Motorbootfahrer hast du keinerlei Vorrang! Du bist immer derjenige, der allen und allem, was sich auf dem See bewegt, ausweichen muss.
Nur für die Situation, in der sich zwei Motorboote begegneten gab es Vorrangregeln, die es natürlich auch galt zu lernen.

Wie gesagt, der Stoff wurde nicht weniger und das Wetter am Bodensee war in diesen Tagen ganz hervorragend, sodass die Sonne mir den Rest meines Gehirns austrocknete und die Sache nicht unbedingt einfacher machte.

Dann war Mittagspause.

Ich hatte am Morgen einen kleinen Biergarten entdeckt, in dem es Gegrilltes zu essen gab. Da er sehr einladend aussah, begab ich mich dorthin. Doch irgendwie hielten sie sich nicht an ihre Öffnungszeiten, sodass ich erst kurz vor ein Uhr mein Essen bekam, was wieder einmal ein Zuspätkommen meinerseits zur Folge hatte.
Das war deswegen umso peinlicher, weil die anderen schon am Bootssteg standen und nur darauf warteten, das Motorboot endlich besteigen zu dürfen. Aber ich bildete mir ein, dass ich dieses Mal wirklich nichts dafürkonnte.
Während die andere Gruppe am gegenüberliegenden Steg die Segelboote klar machten, bekamen wir eine Einführung in die Bedienung eines Motorboots.
Noch bevor wir überhaupt zu irgendetwas kamen, hatten wir schon einen Todtmann an Bord! Das erschreckte uns allerdings nicht, da es sich bei diesem Todtmann um eine Sicherheitseinrichtung handelte, die das Boot zum Stehen brachte, falls der Bootsführer, aus welchen Gründen auch immer, unvorhergesehen über Bord gehen sollte.

Auch begegneten wir dem maritimen Haufen wieder an Bord des Schiffes und wir lernten die Stellen am Boot kennen, an den sich der Motor, die Benzintanks oder die Batterie befanden.
Wir lernten, wo das Steuerrad und die Einhebel-Schaltung waren und hörten von linksgängigen oder linksdrehenden Propellern.
Außerdem galt es mit dem Radeffekt klar zu kommen und rechtszeitig zu merken, wenn das Kühlsystem ausfiel.
Dann stellte sich uns noch der Fender vor: Beim Fender handelt es sich um ein Polster um die Bordwand vor Beschädigungen an Stegen oder anderen Schiffen zu schützen. Manchmal sehen sie aus wie Bälle oder aber auch wie Box-Birnen.
Ganz wichtig war es auch, einen Feuerlöscher richtig bedienen zu können…

Und wieder ganz viel Theorie und sehr viele, neue Fachausdrücke während der Praxisausbildung!

So, nun konnten wir endlich vom Steg ablegen. Also wir konnten nun endlich vom Steg ablegen. Also wir konnten nun eigentlich endlich vom Steg ablegen. Also wir konnten nun eigentlich theoretisch oder aber auch praktisch vom Steg ablegen, wenn, ja wenn, wir nicht vergessen hätten, alle, aber auch wirklich alle, Leinen loszumachen.
Das war natürlich ein kleiner Trick unseres Ausbilders, um uns gleich von Anfang an, zu sensibilisieren

mitzudenken.
Denn natürlich konnten wir nicht so einfach vom Steg ablegen, denn bereits da gab es einige Verhaltensregeln, die man als angehender „Kapitän" (in unserem Falle würde es später einmal „Skipper" heißen, da wir ja nicht den Beruf eines Kapitäns ausüben, sondern „nur" Führer von Sportbooten sein würden, so wir dann die Prüfung bestanden hätten (oder so ähnlich)) beherrschen musste!
Es gab nicht nur Verhaltensregel, die unter anderem besagten, dass man sich zunächst einmal einen Eindruck über die Verhältnisse rund ums Boot verschaffen musste, bevor man ablegte. Nein, das Ablegen an sich, war das erste Manöver, welches wir lernen mussten.
Dabei erschien es uns zunächst nicht unbedingt einzuleuchten, dass wir beim Ablegen, als erstes einmal, nach vorne auf den Steg zu fahren sollten…

Ja, die Geheimnisse der Schifffahrt waren dunkel und schienen unergründlich!

Dennoch nach einigen Versuchen gelang es mir endlich ein richtiges Ablege-Manöver nach den Vorstellungen unseres Ausbilders zu fahren. Wichtig dabei war, alles im niedrigsten Gang zu machen, den es übrigens auch innerhalb des Hafens einzulegen galt. Das gelang mir nicht immer, da ich noch nicht wirklich mit dem Bedienen der Einhebel-Schaltung vertraut war.

Nach erfolgreichem Ablege-Manöver tuckerten wir aus dem Hafen und es ging hinaus aufs „offene Meer", nämlich etwa 300 Meter vom Ufer entfernt, so besagte es die Vorschrift für Motorboote, die diesen Abstand zum Ufer einhalten mussten.
Bereits kurz nach der Hafen- Ausfahrt begegneten wir einigen Seezeichen, dessen Bedeutung wir zwar schon im Theorieunterricht behandelt hatten, doch um es ehrlich zu sagen, da war ich noch nicht wirklich sattelfest und ließ sie mir noch einmal erklären. Außerdem sahen diese hier etwas anders aus, als auf den Bildern im Lehrbuch. Ich lernte weiterhin dazu!

Jörg bestimmte ein paar Seezeichen in einiger Entfernung und wies mich an, darauf zu zuhalten. Ich fuhr nach einer sogenannten Sichtpeilung und gab mir große Mühe, dass die Peilung stand. Doch es war gar nicht so einfach gerade auf sie zu zufahren. Wind, Wellen und Strömung arbeiteten gegen mich und beim Drehen des Lenkrads ließ ich die gebotene Sensibilität vermissen, sodass wir einen richtigen Zickzack-Kurs fuhren.
Unser Ausbilder meinte darauf nur, dass Boote wie Frauen wären, die man einfühlsam behandeln müsste. Nachdem ich schon zwei Scheidungen hinter mir hatte und es in meinen Ehen möglicherweise an der geforderten Einfühlsamkeit gefehlt hatte, steigerte seine Aussage nicht unbedingt mein Selbstvertrauen ein wirklich guter Schiffsführer zu werden. Aber irgendwie entwickelte ich dann doch noch ein Gefühl für

das Boot und konnte ihm mitteilen, dass die Peilung stand.
Das mit den Peilungen, hatte ich wohl während meinen zwei Ehen auch irgendwie hinbekommen. Die stand damals wohl dreimal richtig und hört heute auf die Namen Thilo, Katharina und Elisabeth...

Nachdem das mit der Peilung nun geklärt war, gab mir Jörg einen neuen Kurs an, den ich ansteuern sollte. Dabei kam zum ersten Mal der Kompass ins Spiel. Irgendwie verwirrte mich dieser gänzlich. Denn meiner Meinung nach drehte er sich in die falsche Richtung und es fiel mir schwer nach Kompass zu fahren. Doch dann kam die Erkenntnis, dass sich nicht der Kompass, sondern das Boot drehte. Es galt halt ein wenig umzudenken. Und so gelang es mir tatsächlich auch, den neuen Kurs zu halten, was bedeutete, dass der nun anlag.

Was für ein Durcheinander: der Wind blies, das Boot schwamm, die Peilung stand und der Kurs lag an, während ich mich ziemlich doof anstellte.

Meine Gemütslage hellte sich aber bald wieder auf, als ich feststellen durfte, dass es den anderen auch nicht unbedingt besser erging. Es gab welche, deren Zickzack-Kurs den meinen um einiges übertraf.
Es war so schlimm, dass ich eine Alkoholfahrt angenommen, wenn ich es nicht besser gewusst hätte.

Bis alle nacheinander die Gelegenheit bekommen hatten, sich mit dem Boot ein wenig vertraut zu machen, war auch schon der erste Nachmittag auf See vorbei.
An diesem Tag hatten wir mit 20°C bei schwachem Wind die idealen Wetterverhältnisse für diese kleine Ausfahrt gehabt.
Für die Segelbootfahrer herrschte wahrscheinlich zu wenig Wind, aber auch sie mussten sich zunächst einmal mit den Booten vertraut machen.

Ich genoss das Fahren mit dem Motorboot, nicht zuletzt deshalb, weil ich seit sehr langer Zeit nun endlich mal wieder einen Tag draußen in der Natur verbracht hatte. So viel frische Luft war ich gar nicht mehr gewohnt und ich merkte auf der Heimfahrt, wie müde mich dieser Tag auf dem See wirklich gemacht hatte.
Er hatte mich so müde gemacht, dass ich mich zwingen musste, an diesem Abend noch in die Bücher zu schauen um zu lernen. Aber es war dringend notwendig, um der Vielfalt des Lehrstoffes Herr zu werden. Und so wurde es trotz der Müdigkeit wieder Mitternacht, bis ich mit einem schweren Kopf ins Bett fiel. Doch irgendwie hatte ich das Gefühl, dass ich mir sehr viel mehr merken konnte, wie ich es noch vor zwei Tagen erwartet hatte.
Wie hatte Jörg doch noch gleich am ersten Tag gesagt? „Es läuft!"

10 Ruhiger Tag, stürmischer Abend

Das Wetter an diesem Dienstag war zunächst gleich, wie am vorherigen Montag. Irgendwie um die 20°C und einigermaßen windstill.
Während die eine Gruppe die Segelboote klarmachte, wagten wir uns an die nächsten Manöver mit dem Motorboot.
Zunächst galt es das Anlege-Manöver an den Steg zu üben. Es war wie immer, wenn man etwas das erste Mal tat. Es war durchaus steigerungsfähig. Mal kam das Boot zu weit vom Anlegeplatz entfernt zu liegen, mal zu weit vorne am Steg oder im schlimmsten Falle gar nicht am Steg.
Ab und zu bewunderte ich die Geduld unseres Ausbilders, der auch in „komischen Situationen" die Ruhe selbst blieb. Wieder und wieder ließ er uns an den Steg heranfahren und gab sich erst zufrieden, bis es bei jedem geklappt hatte.
Zwischendurch gab er wichtige Informationen weiter, die für das Führen eines Bootes notwendig waren. So z.B., dass der Führer eines Bootes das Sagen hatte und die Mannschaft allen seinen Anordnungen im Rahmen seiner Verantwortung zu befolgen hatten. Also sollte ich auch einmal in meinem Leben die Chance bekommen, dass irgendjemand auf mich hörte, und sei es nur an Bord eines Schiffes, von wo aus er mir eh nicht entkommen konnte.
Während wir im Hafen unsere Anlege-Manöver übten, waren die Segelboote hinaus auf den See gefahren.

Sämtliche Ausbilder waren über Funk miteinander verbunden, um sich schnell zu informieren, wenn etwas geschehen würde.

Kurz vor der Mittagspause erreichte uns der Notruf, dass Maria mit einem der Segelboote eine Patent-Halse gefahren war und medizinische Versorgung brauchte.

Natürlich war keinem von uns bewusst, was eine Patent-Halse war. Denn bis jetzt, hatten wir hier auf dem Motorboot ja noch keine Ahnung von Segelbooten, die über unser theoretisches Halbwissen hinausging.

Sofort übernahm Jörg das Steuer des Motorboots und fuhr mit uns hinaus auf den See, um Maria zu Hilfe zu kommen.

Immer noch war uns nicht klar, was ihr passiert war. Als wir am Segelboot angekommen waren, erkannten wir sofort, dass sie eine kleine Platzwunde an der Stirn hatte, aus der es blutete. Sie war im Gesicht etwas blutverschmiert und hatte eine riesige Beule um die Wunde herum. Am Boot selbst war nichts zu erkennen, was uns Unwissende erklären konnte, was eine Patent-Halse war.

Doch beim Anblick von Maria, war unschwer zu erkennen, dass sie sehr schmerzhaft sein konnte. Wir nahmen Maria zu uns ins Boot und brachten sie in den Hafen zurück, wo sie versorgt wurde. Offenbar war es nicht ganz so ernst, denn sie klagte weder über Kopf-

schmerzen, noch war es ihr schwindelig.
Dennoch empfahl ihr Jörg, an diesem Tag eine Pause einzulegen und erst wieder morgen zu kommen.

Obwohl eine Patent-Halse nichts mit einem Motorboot zu tun hatte, erklärte uns Jörg, was es damit auf sich hatte.
Zunächst einmal sagte er, dass eine Patent-Halse den sofortigen Abbruch der praktischen Segelbootprüfung zur Folge hätte, weil die Prüfung damit nicht bestanden wäre.
In Piratenfilmen würde sie gerne zu speziellen Effekten verwendet, nämlich dann, wenn der Großbaum einen Matrosen über Bord wischte.
Der Großbaum eines Segelschiffes ist quasi der Mast, der waagerecht zum senkrecht stehenden Mast, an demselben, beweglich, befestigt ist. Das Großsegel wird zwischen Mast und Großbaum gesetzt.
Eine Halse nun wieder ist ein Wendemanöver beim Segeln, das im raumen Wind gefahren wird!
Alles klar soweit? Natürlich nicht, oder?

Also zweiter Versuch:

Stell dir mal vor…, nein stell dir nichts vor.
Du sitzt auf dem Segelboot und der Wind bläst von schräg hinten von recht kommend in deine Segel.
Jetzt nimmst du eine Kursänderung vor und zwar so, dass der Wind von hinten von links kommend in deine Segel bläst.

Bei diesem Manöver geschieht es, dass der Wind zunächst auf die Innenseite deines Segels bläst und dann, wenn die Halse richtig gefahren wurde, auf die Außenseite deines Segels bläst.
Irgendwann dazwischen schlägt der Großbaum auf die andere Seite des Schiffes um, wenn du die Großschot nicht dicht geholt hast. Dieses Umschlagen passiert mit einer Wahnsinnsgeschwindigkeit, sodass du keine Zeit hast, deinen Kopf rechtzeitig aus der Gefahrenzone zu bringen.
Genau das war Maria passiert, sie hatte ungewollt die Fahrt des Großbaums mit ihrer Stirn gestoppt. Dies hatte sofort eine kleine Platzwunde, eine mittelgroße Blutfontäne und eine riesige Beule zu Folge.
Es wurde aber auch schon von Fällen berichtet, in denen der Großbaum jemanden bewusstlos oder gar totgeschlagen hatte.

„Auf was habe ich mich bloß hier eingelassen?", hörte ich sie fragen. Irgendwie kam mir diese Frage doch sehr bekannt vor…

An diesen etwas unerfreulichen Zwischenfall schloss sich gleich unsere Mittagspause an, die ich heute im Hotel und Restaurant Seekrone verbrachte, das gleich neben der Segelschule lag. Ich wollte nicht wieder zu spät kommen und zu meiner Freude fand ich, dass das Preis- Leistungsverhältnis hier sehr gut war.

Ich würde wiederkommen.

Ich glaube nicht, dass der Zwischenfall von heute
Vormittag Anlass war, dass wir am Nachmittag das
Manöver „Mann über Bord" übten.
Schnell wurde uns klar, dass es das wichtigste Manöver überhaupt beim Bootsfahren war.
Wir hatten zwar immer noch schönes Wetter und der
See war relativ ruhig, aber ein verloren gegangenes
Mitglied der Mannschaft wieder ins Boot zu holen
war wirklich nicht einfach.
Nun, keine Angst, es wurde keiner von uns zu
Übungszwecken über Bord geworfen. Jörg warf eine
Boje ins Wasser, die es galt wieder aufzufischen.

Dabei gab es klare Verhaltensregel und Kommandos,
die erteilt werden mussten, um das Vorhaben gelingen
zu lassen. Immer wieder und immer wieder übten wir
das Manöver.
Und so verstrich der zweite Tag an Bord eines Motorboots. Als wir gegen halb sechs zurück in den Hafen
fuhren, bemerkten wir, dass das Wetter umschlug und
Wind aufkam. Doch der konnte uns nichts mehr anhaben, da wir rechtzeitig im Hafen einliefen.

Wir hatten während des Wetterkunde-Unterrichts
gelernt, dass vom österreichischen Ufer her, dort
wo der Rhein in den Bodensee reinfließt die größte
Gefahr ausging. Im Rheintal bauten sich starke
Stürme auf, die wie durch eine Art Trichter zwischen
Bregenz und Altenrhein in den Bodensee einfielen.
Diese Stürme waren nur schlecht vorhersehbar und

konnten bis zu zehn Windstärken erreichen.
Da gab es nur eins, sich so schnell wie möglich in Sicherheit zu bringen!
Aber es gab noch andere gefährliche und tückische Wind auf dem Schwäbischen Meer.

Als ich mich zum Parkplatz aufmachte, war der Wind noch nicht allzu stark. Ich konnte nicht ahnen, dass er an diesem Abend einem Schlauchbootfahrer zum Verhängnis werde würde.
Die Medien berichteten am nächsten Tag, dass ein Kanufahrer dem Mann im Schlauchboot noch Hilfe angeboten hatte, da es so aussah, als käme der mit den immer höher werdenden Wellen nicht zurechtkam.
Doch der Schlauchbootfahrer hatte abgelehnt. Als der Kanufahrer auf seinem Rückweg nur noch das leere Schlauchboot auf dem See treiben sah, war es für den Mann bereits zu spät.
Die sofort eingeleitete Suchaktion verlief erfolglos, er wurde nicht mehr gefunden.

Derweil er um sein Leben gekämpft haben musste, kämpfte ich an diesem Abend erneut, mit den vielen fremden Fachausdrücken, den Regeln auf dem Bodensee und den über 470 Prüfungsfragen, die ich alle beantwortet hatte.
Ich arbeite sie wieder bis spät nach Mitternacht durch, um am Ende festzustellen, dass ich nur gut 70% der Fragen richtig beantwortet hatte.
Insbesondere die Fragen zum Segelboot konnte ich

noch nicht sicher beantworten, da ich damit ja noch keine große Erfahrung gesammelt hatte.
Die zum Motorboot waren besser zu beantworten, da wir während der Praxisausbildung immer wieder die Dinge ansprachen.
Als ich gegen halb zwei ins Bett fiel, hatte ich immer noch kein gutes Gefühl, was die theoretische Prüfung anging. 70% Ausbeute erschienen mir viel zu wenig, um eine Prüfung zu bestehen, in der man nach Jörgs Aussage nur einen Fehler machen durfte, was ich ihm nicht so recht glauben wollte, aber er gab keine andere Antwort, wenn man ihn darauf ansprach!

Eine etwas unruhige Nacht lag vor mir, in dessen Verlauf ich doch tatsächlich noch einmal aufstand, um etwas nachzulesen, was mir im Kopf rumging.

Und von dem Ding mit der Patent-Halse bekam ich einen richtig dicken Hals, weil ich begann darauf zu hoffen, dass mir das nicht passieren durfte, obwohl die Segelbootpraxis ja noch eine knappe Woche vor mir lag.
Irgendwie jedoch bekam ich gegen morgen alles aus meinem Kopf und konnte noch ein paar Stunden schlafen.

11 Ein blaues Auge und ein Ertrunkener

Am Mittwochmorgen waren natürlich die Ereignisse vom Vortag zunächst Thema.
Die Beule an Marias Stirn war über Nacht verschwunden, dafür trug sie nun ein großes blaues Veilchen für den Rest der Bootsausbildung mit sich herum.

Das Ertrinken des Schlauchbootfahrers vermittelte mir das erste Mal so ein kleines Gefühl von Respekt gegenüber der Schifffahrt und dem/der See.

Meine Flugangst war bekannt und so bildete ich mir bisher immer ein, auf dem Meer sicherer zu sein als in der Luft. Aber irgendwie schien dieser Gedanke anzufangen zu bröckeln, wenngleich ich ihm noch nicht allzu viel Gewicht zumaß. Doch ganz langsam entwickelte sich so ein Gefühl in mir, dass das, was ich hier trieb nicht ganz ungefährlich sein könnte.

Bisher hatten wir selbst immer mit dem Wetter Glück. Der See war ruhig und so konnten wir die Manöver ohne Beeinflussung durch Wind, Wellen und Wetter üben.
Abermals stand heute das „Mann über Bord"-Manöver im Vordergrund, mit dem wir den halben Vormittag verbrachten.
Danach bekamen wir noch eine Einführung in die Bodensee- Navigation.

Nach dem Mittagessen bestimmten wir anhand der Navigationskarte unseren Standort auf dem Bodensee und erfuhren etwas über Ablenkung, Missweisung und rechtweisende Kurse.
Am Nachmittag gab es andere Manöver, wie z.B. „Wenden auf engstem Raum" oder das „Einparken in den Boxen" im Hafen, zu üben.

Danach wurden wir etwas früher nach Hause geschickt, wahrscheinlich um uns noch ein wenig mehr Zeit zu geben, damit wir uns auf die für Morgen, angesetzte theoretische Prüfung im Landratsamt Lindau, besser vorbereiten konnten.

Ich nutzte die Zeit, um tatsächlich noch einmal alle 471 Fragen zu beantworten. Das dauerte fast vier Stunden. Doch danach hatte ich 96% der Fragen richtig beantwortete. Lediglich 20 Antworten waren falsch. Grund genug für mich diese Fragen noch einmal anzuschauen. Doch irgendwie war ich mir sicher, dass man mit 96% richtig beantworteter Fragen schon mal eine Prüfung bestehen konnte.

Von nun an hatte ich ein gutes Gefühl, denn ich redete mir ein, dass genau die 20 falsch beantworteten Fragen in der Prüfung nicht drankämen (ein wenig Glück durfte man ja auch haben), denn die Aussage, dass nur ein Fehler zugelassen war, spukte immer noch in meinem Kopf herum, obwohl ich das nicht wirklich glauben wollte.

Überrascht war ich auch über die Tatsache, dass ich mir in meinem hohen Alter noch so viel merken konnte, denn zuweilen hatte ich schon mal das Gefühl so langsam „Honig in den Kopf" zu bekommen, wie es bei Till Schwaiger so schön hieß.

Ich hatte wirklich enorm viel neuen Stoff aufgenommen und konnte nur hoffen, dass er sich bis morgen Mittag nach der Prüfung auch noch dort befand.

Ja, ich war mir ziemlich sicher, dass das da am Donnerstag klappen konnte und legte mich sehr entspannt ins Bett.

Yeah! Rock'n'Roll! Prüfung du kannst kommen!

12   Prüfungstag Nr. 1 – theoretisch

Der Tag der ersten Entscheidung war gekommen.

Würde ich den Grundstein zu meiner Karriere als Seewolf legen können oder nicht, das war hier die Frage?

Ich hatte gut geschlafen und machte mich rechtzeitig nach Lindau auf. Viel zu früh stellte ich das Auto im Lindaupark ins Parkhaus und fand im Eingangsbereich des Einkaufszentrums, das noch geschlossen war, einen Imbiss-Stand, der Kleinigkeiten zum Essen anbot. Obwohl auch der vor neun Uhr noch geschlossen war, bekam ich ein kleines Frühstück mit Kaffee.

Ich hatte immer noch genügend Zeit, um die wenigen Meter zum Landratsamt zu laufen und dort, an der Kasse die Prüfungsgebühr von 130,00 € zu bezahlen. Dann begab ich mich in den 3. Stock ins Zimmer 332, wo die theoretische Prüfung stattfand.
Es mochten sich wohl so an die vierzig Prüflinge dort versammelt haben, die auch aus anderen Segelschulen kamen.
Nach einem kurzen Begrüßungsgespräch wurde uns mitgeteilt, dass es zweierlei Fragebogen gab, die immer im Wechseln an die Prüflinge ausgeteilt wurden. Dadurch war es nicht möglich beim Nebensitzer abzuschreiben, weil der den anderen Fragebogen hatte. Im Übrigen würden die beiden Prüfer darauf achten, dass keine Hilfsmittel verwendet

wurden, denn dadurch wäre die Prüfung nicht bestanden, der übliche Prüfungsquatsch halt!
Ich hatte nicht vor irgendwo abzuschreiben, denn ich war mir sicher, dass ich gut vorbereitet war.
Dann kam noch die Information, dass diejenigen, welche den Motorbootschein machen wollten, nur eine einstündige Prüfung ablegen mussten und die anderen, welche auch den Segelbootschein wollten, eine halbstündige Prüfung im Anschluss an die erste zu machen hatte. Doch die Erfahrung hatte gezeigt, dass die Prüfungen meistens in der halben Zeit geschafft werden könnten.
Pünktlich um 9:00 Uhr konnte mit der Prüfung begonnen werden, da alle Prüfling anwesend waren, was vorher noch durch die Vorlage des Personalausweises kontrolliert wurde. - Nun ging es los!

Wir bekamen die Fragebogen ausgeteilt.

Die Fragen waren in 7 Sachgebiete aufgeteilt:

Allgemeines, Zulassung, Bau und Ausrüstung
Schallzeichen, Lichterführung, optische Signale
Schifffahrtzeichen
Ausweich- und Fahrregeln
Umweltschutz, Seemannschaft
Wetterkunde, Navigation
Rheinstrecke, Alter Rhein, Seerhein

Völlig entspannt und unaufgeregt begann ich die Fragen zu beantworten. Sie waren tatsächlich den Fragen aus dem Übungsheft „Schifferpatent für den Bodensee" sehr ähnlich, obschon mir auffiel, dass die möglichen Antworten ein wenig durchgemischt waren.

Mit bloßem Auswendiglernen, konnte man hier sicherlich keinen Blumentopf gewinnen.

Außerdem war es von Vorteil, die Fragen genau anzuschauen. Denn oft wurden sie verkehrt herumgestellt, so zum Beispiel bei den Vorrangregeln. Da hieß es plötzlich nicht mehr „Wer hat Vorrang?", sondern „Wer muss warten?" Also ein paar so kleine Fußangeln wurden schon ausgelegt.

Dennoch, selbst bei genauem Durchlesen der Fragen und bei einer langsamen Bearbeitung, hatte ich die 86 Fragen zum Motorbootschein in 20 Minuten beantwortet, was bei der Abgabe des Fragenkatalogs, auf dem Prüfungsprotokoll vermerkt wurde.

Ich war echt begeistert davon, was mein altes Hirn noch im Stande war zu leisten. Ja, die Sache mit dem gelegentlichen Honig im Kopf ging mir ab und zu schon durch den selben.

Bei nur einer Frage hatte ich meine Zweifel, ob sie richtig beantwortet war, ansonsten war ich mir ziemlich sicher, in diesem Teil alle anderen richtig beantwortet zu haben und – zum Glück litt ich nicht unter Prüfungsangst, damals in meiner Jugend schon nicht und heute im Alter schon zweimal nicht, was ein echter Vorteil war!

Nachdem ich den ersten Teil der Prüfung beendet und abgegeben hatte, konnte ich gleich mit dem zweiten Teil beginnen, der mit einer Bearbeitungszeit von einer halben Stunde eingeplant war.
Es war der Teil der theoretischen Prüfung, der sich mit dem Segeln beschäftigte. Hier gab es nur zwei Sachgebiete, nämlich Segeln allgemein und Segeln Fahrregeln, die ja bekanntlich anders waren, als die bei Motorbooten!
Hier galt es insgesamt 27 Fragen zu beantworten. Im Teil „Segeln allgemein" war ich mir nicht mehr ganz so sicher, denn ich war bis jetzt immer noch nicht mit einem Segelboot vertraut, da ich ja in der Motorbootgruppe saß, was die praktische Ausbildung anging.
Dennoch begann ich auch diesen Teil der Prüfung sehr entspannt aber ein wenig aufgeregter wie zuvor.
Nach weniger als 10 Minuten hatte ich den zweiten Teil der Prüfung hinter mich gelassen und konnte den Fragebogen abgeben.
Ich fand es sehr gut, dass die Prüfer die Prüfungen noch während der angegebenen Prüfungszeiten korrigierten. So erfuhren wir relativ schnell nach Abgabe der Prüfungsbogen das Ergebnis unserer Gedankenergüsse.
Wir mussten ein wenig draußen auf dem Gang warten, bis einer Prüfer herauskam und uns die schriftlichen Ergebnisse überreichte.
Aus dem Prüfprotokoll konnte ich entnehmen, dass ich von den insgesamt 113 Fragen 6 falsch beantwortet hatte. Das entsprach exakt dem Ergebnis meiner

Generalprobe! Auch hier hatte ich 96% der Fragen richtig beantwortet, was mich ja zu der Vermutung hinriss, dass ich mit 96% richtiger Antworten schon mal eine Prüfung bestehen könnte. So war es dann auch jetzt. Im unteren Teil des Prüfprotokolls war zu lesen: „Die theoretische Prüfung ist damit bestanden."

Yeah, YeaH, YEAH ! ! !

Aber ganz so eindeutig war das Ergebnis dann doch nicht. Dem Auswertungsteil des Protokolls war zu entnehmen, dass in jedem Sachgebiet des Fragebogens mindesten 80% der Fragen richtig beantwortet sein mussten, damit man die Prüfung bestand.
Es gab Sachgebiete mit 20 Fragen, von denen 16 richtig beantwortet werden mussten, es gab aber auch Sachgebiete mit nur 7 Fragen, von denen 5 beantwortet werden mussten. Und es galt die Regel, dass wenn in einem Sachgebiet die nötige Punktzahl nicht erreicht war, die ganze Prüfung als nicht bestanden galt.
Und da ging es bei mir in der Motorbootschein-Prüfung, bei der Wetterkunde und Navigation ganz eng her, denn da hatte ich genau die 8 Mindestpunkte, was zwei Fehlern entsprach, erreicht.
Bei den Ausweich- und Fahrregeln hatte sich noch ein Fehler eingeschlichen, die anderen 5 Sachgebiete konnte ich aber mit 100% richtigen Antworten abschließen.
He Alter, was ging denn hier ab! Ja, Rock'n'Roll und

von wegen "Honig im Kopf!"
Obwohl ich im zweiten Teil auch insgesamt 3 Fehler gemacht hatte, reichte es zum Bestehen der Prüfung, weil ich dort ebenfalls jeweils über der Mindestpunkte-Grenze lag.
Das hatten einige der anderen Prüflinge nicht geschafft und damit auch die theoretische Prüfung nicht. Sie würden sie in ein paar Tagen, an einem anderen Termin, nochmals wiederholen müssen.

Daniel hingegen hatte seine Prüfung auch bestanden und wir fanden, dass wir uns nun ein richtig gutes Frühstück verdient hatte. Also gingen wir zurück zum Einkaufszentrum, wo auch er sein Auto geparkt hatte und setzten uns wieder vor dem Kiosk hin, in dem ich knapp zwei Stunden vorher so freundlich bedient wurde.
Es kümmerte uns nicht, dass wir gleich nach der Prüfung nach Wasserburg zurücksollten, wo Jörg mit dem praktischen Unterricht fortfahren wollte. Wir ließen uns ein wenig Zeit und uns echt hochleben, wenngleich wir dabei auf Alkohol verzichteten, da wir ja einerseits unseren Autoführerschein behalten wollten und andererseits gerade in der Vorbereitung waren, weitere Führerscheine zu machen!

Zurück in Wasserburg erfuhren wir, dass auch aus unserer Gruppe nicht alle die theoretische Prüfung bestanden hatten. Das wunderte mich ehrlich gesagt nicht, denn mir kam die Zeit, die uns für die Vorberei-

tung zur Verfügung stand, echt etwas wenig vor. Und wer weiß, wenn ich nicht so ein Nachtmensch wäre, dem es nichts ausmacht mit ein paar wenigen Stunden Schlaf durch den Tag zu kommen, ich die nötige Zeit zum Lernen auch nicht gehabt hätte.
Aber alte Leute brauchen ja bekanntlich nur wenig Schlaf und manchen wird eine gewisse Art von seniler Bettflucht gelegentlich nachgesagt! Aber senil hin oder her, ich hatte den ersten Prüfungstag erfolgreich hinter mich gebracht und konnte mich nun dem praktischen Teil der Ausbildung widmen.
Bis zur Mittagspause geschah da aber nichts mehr. Im Schulungsraum wurden wie verrückt die Seemannsknoten geübt. Ich konnte nicht verstehen, warum dies nun mit einer solchen Intensität hier vor sich ging. Schließlich würden die praktischen Prüfungen erst in knapp eineinhalb Wochen stattfinden. Und bis dahin würde ich die Knoten auch draufhaben. Ich hatte ja meinen Lernschwerpunkt auf die theoretische Prüfung gelegt und mich bisher nicht auf die Knoten konzentriert, denn ich wollte keinen Knoten in meinem Gehirn haben, wegen Überfütterung oder sonstigem überflüssigem Input.
Aber irgendwie hatte ich nicht mitbekommen, dass bereits morgen, am Freitag die Prüfungen stattfinden sollten. Ich weiß nicht warum, möglicherweise, war das auch gar nicht so richtig angekündigt worden, denn ich hatte echt nichts davon mitbekommen.
Einer der jungen Ausbilder erklärte mir, dass das hier immer so gemacht wurde. Es sei doch gut, wenn

direkt nach Abschluss der praktischen Ausbildung sich die Prüfung daran anschließen würde. Sehr wohl verstand ich diese Logik und konnte sie nur gutheißen, aber informiert zu werden, wäre auch ganz schön gewesen.
Sei's drum, ich hatte es noch rechtzeitig erfahren und so war mein heutiger Abend gerettet. Womöglich wäre ich ja in ein sehr einsames, sehr langweiliges, sehr tiefes und sehr schwarzes Loch gefallen, weil es nichts mehr für die theoretische Prüfung zu lernen gab. Was hätte ich nur alleine in Tettnang gemacht, so ganz ohne Aufgabe.
Aber die Aufgabe hatte sich nun von selbst ergeben, heute Abend würde ich bis spät in die Nacht hinein einen Knoten nach dem anderen Knoten knoten, solange bis ich Knoten in den Fingern hätte.

Doch jetzt war erst einmal Zeit fürs Mittagessen.

Gordian, der wie gesagt, schon einige Segelkurse in der Kinder- und Jugendklasse hinter sich hatte, gab mir einen Schnellkurs im Knoten knoten. Darin war er wirklich gut. Wir mussten insgesamt acht verschiedene Seemannsknoten beherrschen. Es war von Acht- und Kreuzknoten, sowie von Palsteks, einfachen und doppelten Schotsteks, vom Stopperstek und dem Webeleinstek die Rede, die allesamt nichts mit einem Steak und schon Garnichts mit Essen zu tun hatten.
Jeder dieser Knoten war für einen besonderen Zweck bestimmt und die Leinen musste um ein paar Ecken

gelegt werden, damit daraus ein schnell herstellbarer und leicht lösbarer Knoten entstand.
Das mit dem schnell herstellbarem war so eine Sache für sich, denn zunächst ging wieder einmal überhaupt nichts schnell.
Ich musste mich schon ein wenig verkopfen, um die ersten Knoten richtig hinzubekommen. Und hatte ich mal einen geschafft, so war die Technik nach den nächsten zwei weiteren wieder vergessen. Das würde ja ein gemütlicher Abend werden, die Knoten und ich.

Jörg stellte uns an diesem Nachmittag den Lifebelt vor. Nein, das war kein Hund der in der Segelschule live bellte, sondern ein Gurtgeschirr, mit dem sich die Seeleute an Bord eines Schiffes gegen „das Überbordgehen" sichern konnten, z.B. wenn sie versuchten einen Kameraden zu retten, der keinen Lifebelt trug, bevor er über Bord gegangen war.

Im Anschluss daran gingen wir noch einmal aufs Motorboot, um die Manöver, welche wir in den zurückliegenden Tagen geübt hatten zu vertiefen, denn, Morgen galt es die praktische Prüfung zu bestehen.
Erst jetzt fiel mir bewusst auf, dass ich keinerlei Anzeichen von Seekrankheit verspürte. Nun gut der Bodensee war in den vergangenen Tagen sehr ruhig gewesen, aber dennoch schaukelte es manchmal auf dem Boot, vor allem dann, wenn wir die Plätze wechselten, damit ein anderer ans Steuerrad konnte.

Es galt auch hier, das Boot in einer stabilen Lage zu halten, so bildeten wir es uns zumindest ein, wenn Daniel auf die eine Seite und die anderen drei auf die andere Seite wechselten.
Am Spätnachmittag waren wir zurück im Hafen und ich fragte Jörg, ob ich die Vorrichtung mit nach Hause nehmen durfte, an denen wir die Knoten übten. Dazu würde ich auch noch ein paar Seile brauchen.
Gerne gab er mir ein Knotenübungs-Set mit, aber mit Seilen konnte er nicht dienen, weil er keine hatte. Zunächst schaute ich ein wenig doof aus der Wäsche, da eine ganze Menge Seile im Schulungsraum verteilt herumlagen. Erst als mich Daniel darauf aufmerksam machte, dass das keine Seile sondern Leinen waren, formulierte ich meine Frage um und bekam tatsächlich einige Leinen mit.
Mit den Worten „Oh wie schön, dann kann ich ja gleich noch meine Wäsche auf die Leine hängen", bedanke ich mich dafür, was auch nicht gerade zum Brüller des Nachmittags wurde, denn schließlich war das hier eine ordentliche Segelschule, in der es schon galt, die richtigen Fachausdrücke zu verwenden!
„Ups!"
Aber manchmal hatte ich eben eine flapsige Ausdrucksweise, mit der ich hin und wieder aneckte.
Doch Schwamm drüber, ich nahm die Sachen mit, mit denen ich mich am Abend vergnügen wollte/musste.
Und so tat ich, was zu tun war und knotete an diesem Abend einen Knoten nach dem anderen, solange, bis mir die Finger wund wurden.

Draußen war es plötzlich ungemütlich.
Sturm und Regen zogen auf und machten einen richtigen Spektakel.
Es wird doch nicht etwa eine Sturmwarnung am Bodensee geben, sodass wir die Prüfung möglicherweise nicht machen konnten, schoss es mir durch den Kopf.
Doch auch dieser Tag hatte mir wieder alles abverlangt und so fiel ich abermals todmüde ins Bett.

Und mit dem morgigen Tage würde auch schon die erste Woche meiner Ausbildung zum Schiffer-Patent zu Ende gehen.

13 Prüfungstag Nr. 2 – Motorboot

In dieser Nacht hatte es tatsächlich eine Sturmwarnung gegeben.
Jörg war die halbe Nacht auf dem See, weil sich zwei Boote losgerissen hatten und wild hin und her geworfen wurden. Eines davon hatte schon ein anderes Boot gerammt und so wartete er an diesem Morgen auf die Wasserschutzpolizei, die den Schaden aufnehmen musste. Das andere hatte die Boje rausgerissen und so standen auch hier Reparaturarbeiten an. Er hatte im Moment wenig Zeit und so übernahmen die anderen drei Ausbilder.
Auf dem See herrschte immer noch Windstärke vier und es gab bis zu einem Meter hohe Wellen.
So wurde entschieden, dass die Segelbootprüfung auf den morgigen Samstag verschoben wurde. Die Motorbootprüfung aber sollte stattfinden.
Also gab es für die Segelbootgruppe nochmals theoretischen Unterricht und weiterhin Knoten knoten.

Die Motorbootfahrer bestiegen das Boot und fuhren hinaus auf den See. Aber hallo, das war heute aber etwas ganz, ganz anderes als die Tage zuvor.
Wir wurden richtig durchgeschüttelt und es stellte sich bei mir so ein kleines Gefühl eines sehr großen Respekts gegenüber Wind und Wellen ein.
Man könnte auch sagen, dass ich ein wenig Schiss bekam. Das Steuer schien mir keinen sicheren Halt zu geben und so ließ ich es los, um mich mit beiden

Händen am Dachaufbau festzuhalten.
Das fand unser Ausbilder nicht so toll, denn schließlich war ich der Bootsführer und er hätte sich schon gerne auf mich verlassen, wenn er mit mir auf dem See unterwegs war. Also griff ich wieder zu und kämpfte mit dem ganzen Körper um Balance.
Die Übungen der letzten Tage waren unter diesen Umständen kaum zu machen. Selbst den Kurs anliegen zu lassen erwies sich ebenfalls so schwer, wie die Peilung stehen zu lassen.
Wenn ich bisher von Rock'n'Roll gesprochen hatte, dann zeigte mir der Bodensee heute, was wirklich Rock'n'Roll war.
Es ging ganz schön ab da draußen, obwohl wir „nur" Windstärke vier hatten!
Um den Tanz noch ein wenig spaßiger zu machen, warf unser Ausbilder nun die Boje, mit den Worten: "Mann über Bord!" ins Wasser.
Jetzt wurde mir unmissverständlich klar, warum es diese lauten Befehle und Kommandos an Bord eines Schiffes gab. Der starke Wind pfiff uns um die Ohren und die Wellen gaben ihren Senf dazu!
Ich hatte vor Jahren den Kriegsdienst verweigert u.a. mit der Begründung, dass man sich bei der Bundeswehr ständig nur anbrüllte. Das fand ich damals ziemlich blöd. Aber nun konnte ich mir auf einmal vorstellen, warum das so sein musste. Wenn sich die Jungs wirklich in einem Gefecht mit dem ganzen Kriegsgetöse befanden, dann mussten sie sich laut und deutlich verständigen um zu überleben.

Das erste Mal in meinem Leben entwickelte ich so etwas wie Sympathie für laut schreiende Soldaten, wenn man überhaupt Sympathie für Soldaten entwickeln konnte…

Ich stellte plötzlich fest, dass ich in meinem ganzen Leben nicht dazu geschaffen war, Befehle und laute Kommandos zu geben.
Ich war immer nur der ruhige freundliche Typ, der es möglicherweise auch deshalb beruflich nicht in Führungspositionen geschafft hatte.
Irgendwie machten sich meine Gedanken selbständig und eröffneten mir eine ganz neue Sichtweise auf Dinge, die ich bisher anders gesehen hatte.
War ich vielleicht wirklich auf dem Weg zu neuen Ufern, auch wenn ich dies anfänglich nicht so gemeint hatte? Ich fand diese Einsichten und neuen Erkenntnisse aber sehr spannend und interessant.

Doch es war irgendwie der ganz falsche Augenblick eine psychologische Sitzung abzuhalten, denn schließlich galt es eine Boje zu retten!

Also leitete ich mit dem Schrei „Mann über Bord an Steuerbord" das Rettungsmanöver ein, indem ich das Boot auf die Seite drehte, wo die Boje über Bord gegangen war.
„Rettungsmittel werfen und Mann im Auge behalten, Daniel!"
„Rettungsmittel geworfen!", gab Daniel zurück.

„Alex Bescheid geben, wenn Mann drei bis vier Bootslängen von achtern aus ist!" war mein nächstes Kommando, indem ich mich mit dem Boot zunächst von der Boje entfernte.
Nachdem wir ca. vier Bootslängen von der Boje entfernt waren, kam die Information „Mann, drei bis vier Bootslängen von achtern aus!"

Das war das Kommando, um das Motorboot in eine Position zu bringen, um gegen Wind und Welle auf den Schiffbrüchigen zu zufahren.

Daniel hatte die Boje im Auge behalten und zeigte mit ausgestrecktem Arm in die Richtung, wo sie sich befinden musste.
Ich hatte zunächst Mühe sie zu finden, denn immer wieder verschwand sie in einem Wellental und war nicht mehr zu sehen. Zudem musste ich schon richtig in das Steuer greifen, um den Kurs zu halten. Der Wind und die hohen Wellen wollten es mir nicht einfach machen.
„Und jetzt stellt euch noch vor, dass es regnet oder ihr euch im Nebel befindet!", gab der Ausbilder zu bedenken, damit auch dem letzten von uns klar wurde, dass wir uns auf See in Gottes Hand befanden.
Ich hatte es dennoch geschafft, so an die Boje heran zu fahren, dass wir sie aufnehmen konnten, besser gesagt, dass wir sie aufnehmen könnten. Denn gerade als Daniel nach ihr greifen wollte, erwischte uns eine Welle und hob uns einen Meter über die Boje, sodass

er sie doch nicht erreichen konnte.
Wir brauchten drei Versuche, bis es uns gelang sie zu erwischen.
„So, und jetzt stellt euch vor, dass es nicht Daniel ist, der die Boje aus dem Wasser fischt, sondern dass es Daniel ist, der aus dem Wasser gefischt werden muss!"
Manchmal konnten diese Ausbilder richtige Spielverderber sein!
Aber o.k. ich hatte begriffen, was er meinte und merkte wie sich meine als Flugangsthase eingeredete Einschätzung auf dem Wasser sicherer zu sein, als in der Luft, augenblicklich in Luft auflöste.
Dazu kam noch, dass das Wasser nicht immer sommerliche Temperaturen hatte und somit ein wesentlicher Faktor hinzukam, der die Chancen auf ein Überleben als Schiffsbrüchiger auf Null setzte.
Sofort fiel mir der Schlauchbootfahrer ein, der vor zwei Tagen das letzte Opfer war, dass sich der See geholt hatte.
Wir wechselten solange durch, bis alle einmal das Steuer in der Hand hatten und ein paar Manöver gefahren waren.
Dann ging es zurück in den Hafen und zum Mittagessen.

Als wir das Boot verließen fragte Jörg, wie es uns gefallen hatte. Ich konnte nur sagen, dass das, was wir da gerade erlebt hatten, etwas Anderes war, als daheim im Irish Pub am Tresen zu stehen.

Angesichts der Tatsache, dass sich der See auch während der Mittagspause nicht beruhigen wollte und wir die Prüfung tatsächlich absolvieren sollten, gab es heute nur ein leichtes Süppchen, denn obwohl sich bei uns immer noch keine Anzeichen von Seekrankheit einstellten, waren wir der Meinung, dass es besser war, nicht mit vollem Magen in See zu stechen.

Nach dem Essen stellte sich der Prüfer vom Landratsamt vor. Zunächst stellte er einige Fragen zur Navigation und lies uns mehrere Knoten machen. Dann ging es hinaus aufs Boot.
Zu allem Übel hatte es jetzt auch noch angefangen zu regnen. Obwohl wir Regenkleidung anhatten, sollten wir nach der Prüfung, nass bis auf die Knochen im Hafen einlaufen. Zudem blies der Wind jetzt ein wenig stärker und die Temperatur war auf 16°C abgesunken.
Doch bevor wir ablegten stellte er wieder einige Fragen, rund um das Motorboot und wir merkten gleich, dass er seinen Schwerpunkt auf die Sicherheit an Bord legte.
Nach den Erlebnissen von heute Vormittag, konnte ich das sehr gut verstehen.
Alle hatten ihre Schwimmwesten angelegt und es erübrigt sich sicherlich zu sagen, dass sie es freiwillig taten. Denn allein die Vorstellung bei diesem Wetter und dieser Temperatur über Bord zu gehen, machte uns ein wenig Angst.
Bei ein paar seiner Fragen war ich unsicher mit

meinen Antworten, erst jetzt merkte ich, dass ich mir
die Seiten im Lehrheft über die Praxis mit dem Motorboot etwas besser durchgelesen haben sollte.
Doch irgendwie bekam ich sie beantwortet, wenngleich die eine oder andere Antwort hätte besser ausfallen können.
Dann begann endlich die praktische Prüfung mit dem
Ablege-Manöver.
Immer wieder legte der Prüfer uns die Sicherheit auf
dem Boot ans Herz. Und er hielt uns dazu an in jeder
brenzlichen Situation ruhig zu bleiben. „Stellen sie
sich mal vor, eines ihrer Kinder, so sie welche haben,
fällt über Bord! Da nützt es reichlich wenig hysterisch
zu werden, da ist ein klarer Kopf und klare Kommandos angesagt!"
Nicht erst jetzt bemerkte ich, dass er eine Ahnung
hatte, von dem was er sagte.
Trotz des drolligen Wetters, zuckte er nicht mit der
Wimper, als ihm der Wind mit Windstärke vier um
die Ohren blies und der Regen ihm in sein Gesicht
peitschte, auch die meterhohen Wellen schienen ihn
nicht zu beeindrucken.
Und plötzlich, ganz unverhofft kam sein Schrei:
"Mann über Bord!"
Und genauso wie heute Vormittag kam mein Kommando „Man über Bord, backbord! Daniel Rettungsmittel werfen!"
Das Anfahren gegen Wind und Welle klappte nicht
ganz sauber, aber als wir auf die Boje zufuhren, war
ich genau auf Kurs.

Vor lauter Aufregung stellte ich den Hebel der Einhebel-Steuerung beim Stoppen nicht richtig ein, aber als ich auf seine Frage die richtige Antwort gab, dass ich jetzt den Motor ohnehin abgestellt hätte, war wieder alles im grünen Bereich.
Zudem tat mir der See den Gefallen und hielt uns unten in einem Wellental, sodass wir ohne Mühe die Boje aufnehmen konnten. Schönen Dank auch!

Schönen Dank auch an meine Mannschaft, die in den zurückliegenden Tagen eine kleine eingeschworene Gemeinschaft wurde, die sich während der Prüfung sehr gut unterstützte. Vor allem auf Daniel konnte man sich verlassen, wahrscheinlich auch, weil er Krisensituationen durch seine Einsätze bei der Feuerwehr kannte.

Indes wollte das Wetter einfach nicht besser werden. Es stürmte und der Regen pfiff über das Boot, sodass ich durch und durch nass wurde. Die Temperatur war an diesem Nachmittag auf fast 15°C abgekühlt und ich merkte, wie ich begann, an den Fingern zu frieren.

Das hier heute, gab uns einen kleinen Vorgeschmack, wie ekelhaft der Bodensee wirklich sein konnte. Diese Erfahrung beeindruckte mich sehr und ließ mich etwas nervös werden.

Und so verlief die gesamte Prüfung für mich auch insgesamt ein wenig holprig.

Doch am Ende konnte ich mit dem schönsten Anlegemanöver an diesem Tag punkten. So empfand es zumindest der Prüfer und ich natürlich auch.
Urplötzlich funkelten die gefährlichen Blicke eines Seewolfes in meinen Augen auf, denn kaum, dass wir angelegt hatten, bescheinigte uns der Prüfer, dass wir alle die praktische Prüfung bestanden hatten!

Und mal ehrlich, so unter uns gesagt, das war wirklich eine tolle Leistung, nicht zuletzt, weil ich ja total durchnässt und halb erfroren daherkam.
Das hier war etwas ganz Anderes, als mal eben schnell am Sonntag mit der Familie an den Bodensee zu kommen, um für eine Stunde Tretboot bei herrlichstem Wetter zu fahren.
Und ganz plötzlich sah ich diesen unheimlich schönen See mit anderen Augen.
Aber mal ehrlich, birgt nicht jede Schönheit seine Gefahren?
Motorboot-Prüfung bestanden:
Yeah! YeaH! YEAH!

Aber noch viel wichtiger:
Neue Ufer entdeckt und neue Betrachtungsweisen vieler Dinge bekommen!

Und das war der eigentlicher Hammer an diesem Tag auf einem (etwas) stürmischen See!

Hat Spaß gemacht!

14 Kurzaufenthalt daheim

Somit hatte ich auch den Prüfungstag Nr. 2 erfolgreich hinter mich gebracht.
Ich war also stolzer Besitzer des Motorboot-Führerscheins. Das war ein schönes Gefühl und versetzte mich in Feierlaune.
Da meine Kleidung ohnehin pitschenass war, entschloss ich mich nach Hause zu fahren um trockene Sachen für den nächsten Tag zu holen. Denn am morgigen Samstag ging es ohne Unterbrechung mit der praktischen Ausbildung auf dem Segelboot weiter.
Außerdem bot der kurze Aufenthalt daheim, sich förmlich an, mit ein paar Freunden diese gelungene erste Woche in der Segelschule Wasserburg zu begießen.
Also trafen wir uns noch auf ein (gleiches) Bier im Irish Pub. Abermals war ich derjenige, welcher von neuen Ufern (Erlebnissen) zu berichten hatte. Alle fanden es gut, dass es mir wieder einmal gelungen war, etwas Neues auf die Beine zu stellen. Ein paar meiner Freunde hatten bereits vor Jahren den Sportboot-Führerschein Binnen gemacht und einer von ihnen hatte sein Segelboot in Österreich am Bodensee liegen. Natürlich lud er mich gleich ein, einen Törn mit ihm zu machen, sobald ich auch den Segelschein bestanden hätte. Es gab also einen Grund mehr für mich, auch in der nächsten Woche alles zu geben, um dieses Ziel zu erreichen. An diesem Abend war es bereits dunkel, bis ich nach Hause kam.

15 Wasserburg

Das kleine Städtchen Wasserburg, mit seinen knapp viertausend Einwohnern, liegt am Nordufer des Bodensees zwischen der Kreisstadt Lindau und der Gemeinde Nonnenhorn.
In westlicher Richtung sind es gute fünfzig Kilometer nach Konstanz, wenn man von Meersburg aus die Fähre nimmt. Nach Friedrichshafen im Westen und Bregenz im Osten sind es jeweils zwanzig Kilometer. Bis Lindau und der Autobahnauffahrt A96 nach Ulm oder nach Österreich, fährt man eine knappe Viertelstunde.
Der kleine beschauliche Ort lebt vorwiegend vom Tourismus und zählt pro Jahr über 200 000 Übernachtungen.
Auf der malerische Halbinsel liegen die Kirche St. Georg, das Schloss Wasserburg und das Malhaus, was heute ein Museum beherbergt.
Im kleinen Hafenbereich findet man die Schiffsanlegestelle, von der aus Passagierschiffe nach Lindau, Bregenz in Österreich, Konstanz oder Rorschach in der Schweiz fahren.
Über einen ca. 100 Meter langen Steg erreichen die Touristen die Kursschiffe, deren Fahrwasser direkt vor der Hafeneinfahrt des Fischerei- und Sportboothafens vorbeiführt.
Nur einen Steinwurf vom Schloss Wasserburg entfernt, gleich neben dem Museum liegt das Hotel Seekrone, in dem wir einige Male sehr gut zum Essen

waren. Das Personal war stets freundlich und die Preise in Ordnung.

Im selben Gebäude befindet sich auch das Clublokal des Wasserburger Segler Club e.V..

Keine drei Minuten davon entfernt ist der kleine Kiosk mit seinem hervorragenden Kaffee und einigen kleinen Speisen für zwischendurch.
Fast Tür an Tür schließt sich daran die Segelschule Fischer an, die uns bisher in der ersten Woche so gut durch die Ausbildung für das Bodensee Schifferpatent gebracht hatte.
Überall bietet sich die Möglichkeit draußen auf der Terrasse zu sitzen und den einzigartigen Blick über den Bodensee hinweg auf die Berge der Schweiz, Liechtensteins und Österreichs zu genießen.

Und wenn man genau hinschaute, konnte man die vielen Segelboote sehen, die auf dem See kreuzten und wegen derer wir eigentlich hier waren…

16 Segelboot yeah!

Das Wetter hatte sich über Nacht wieder beruhigt.
Es ging eher windstill am Bodensee zu und die Temperaturen waren auf 20°C gestiegen.
Bevor wir nun aufs Segelboot stiegen, haute uns Jörg wieder einige theoretische Fachbegriffe des Segelns um die Ohren.
Bei der Erklärung der Richtungs- und Kursbezeichnungen kam uns nicht Bruce Lee entgegen. Nein, es begegnete uns Luv und Lee, als die dem Wind zugekehrte bzw. abgewandte Seite eines Schiffes.
Uns wurde nähergebracht, dass Anluven den Bug näher an den Wind brachte und Abfallen bedeutete, dass der Bug vom Wind wegdrehte.
Wir wurden durch die Pinne verwirrt, weil nicht ihre Stellung den Kurs, auf dem das Boot fuhr, vorgab, sondern die Stellung des Ruderblattes.
Und wieder pfiff uns der wahre und scheinbare Wind um die Ohren, wenn es darum ging, die Kurse zum Wind zu beschreiben.
Wir segelten „am Wind oder voll und bei Wind" oder im halben, raumen bzw. „vor dem Wind".
Wobei die Fachausdrücke so langsam ein Gesicht bekamen, wenn man sie nicht nur zur theoretischen Prüfung lernte, sondern auf den ersten Segeltörn vorbereitet wurde.
Gut zwei Stunden hatten wir nun schon hier im Schulungsraum gesessen, bis es hieß, dass nun endlich einmal andere gesetzt werden sollten, nämlich die

Segel!

Also hinaus in die Boote!

Die Segel-Schulungsboote der Segelschule Fischer waren C55-er Boote der schwedischen Cremo Werft.

Ganz nebenbei erfuhren wir, dass wir uns hier nicht nur in der Segelschule Wasserburg, sondern uns auf dem offiziellen Händler-Stützpunkt dieser Firma in Süddeutschland befanden.
Mein Gott, mit wieviel Wissen wollte man uns hier noch vollstopfen?

Aber damit war nicht genug.
Vor uns lag ein kleiner Haufen mit Segeln, von denen es hieß, dass wir uns da mal ein Pärchen von mitnehmen sollten. Auf den ersten Blick sahen sie eigentlich alle gleich aus. Auf den zweiten Blick war jedoch zu erkennen, dass die einen ein wenig kleiner als die anderen waren. Die größeren waren die Großsegel (keiner hätte es gedacht) und die kleineren die Fock.

Also schnappten wir uns jewails ein Pärchen und machten uns zur Anlegestelle auf.

Um hinunter zu den Booten zu gelangen, mussten wir eine kleine Leiter an der Hafenmauer hinuntersteigen. Unter kamen wir auf einen schmalen Steg, der parallel zur Mole mit etwa zwanzig Zentimeter Abstand

angebracht war. Der Steg selber war aus Stahlgittern und ca. vierzig Zentimeter breit und gab eigentlich nicht viel Platz her, um sich darauf sicher bewegen zu können.
Die Boote waren an vier Punkten festgemacht.
Am Bug (wir erinnern uns: vorne am Menschen ist der Bauch, also Bug…) mit zwei Vorleinen am Steg und am Heck (…hinten ist der Hintern, also Heck) mit zwei Achterleinen (achtern ist auch hinten, wegen des Afters, aber das wisst ihr ja alles schon) an jeweils einer Boje über Kreuz.
Zwischen Boot und Steg waren etwa 60 cm Abstand. Wir mussten also das Boot zunächst einmal an den Steg ziehen, um einsteigen zu können. Doch es gab nicht viel zu ziehen, da die Achterleinen dafür sorgten, dass es nicht zu nahe an den Steg kam, damit es bei Wind und Wellen nicht gegen den Steg schlagen konnte. Also galt es einen großen Schritt zu machen, um ins schwankende Boot zu gelangen.
Das sah irgendwie gefährlich aus, denn das Boot wollte einfach nicht stillhalten.
Daniel traute sich als erster den Schritt zu machen. Kaum war er im Boot angekommen, fiel es gleich in eine ziemliche Schräglage und Daniel hatte Mühe Balance zu finden, weil er beim Überspringen natürlich nicht die Mitte des Bootes erwischt hatte. Während er da noch ein wenig am Rumturnen war, erklärte uns Jörg, dass seine C55 durch das hohe Gewicht am Kiel eigentlich nicht Kentern konnte, was wir wegen des gerade stattfindenden Szenarios nicht so ohne

Weiteres glaube wollten.
Aber mittlerweile hatte Daniel seine Mitte gefunden und alles war gut.
Auch ich machte meinen ersten Schritt auf das Schul-Segelboot. Dabei übersah ich, dass die Pinne und das Ruderblatt auf dem Boden des Bootes lagen. Prompt trat ich auf das Ruderblatt, welches sofort wegrutsche und mir den sicher geglaubten Halt nahm. Wieder kam das Boot in mächtige Schräglage, da ich natürlich auf die Seite rutschte, auf der Daniel war und so summierten sich unsere beiden Gewichte und traten gegen das Gewicht des Kiels an. Mag sein, dass das Boot nicht kentern konnte, aber ein wenig Wasser drang schon ins Bootsinnere ein und wir tanzten beide blöd herum, um es wieder in eine stabile Lage zu bringen.

So mancher der umherstehenden Urlauber mochte sich wohl gedacht haben, was sind das denn für blöde Landratten!
Doch auch das Boot war, genau wie sein Eigner, geduldig mit uns. Dann kamen noch zwei weitere Schüler an Bord und Felix, einer der jüngeren Ausbilder. Jörg hatte heute anderweitig zu tun.

Zunächst wurde die Großschot am Baum und am Fußbeschlag angeschäkelt. Und dann ging es weiter mit den nicht enden wollenden Fachausdrücken.
Wir sollten die Segel anschlagen. Nein, wir schlugen sie nicht gegen die Mole, sondern zogen das Unterliek am Schothorn in die Baumnut des Großbaums und

holten sie nach hinten durch.
Dann wurde die Halskausch vorne am Baum befestigt, das Unterliek stramm durchgeholt und das Schothorn an der Baumnock befestigt.
Aber damit nicht genug, das Vorliek am Segelkopf wurde in die Mastnut eingeführt und das Großfall am Kopfbrett angeschäkelt. Und schon war das Großsegel zum Setzen bereit - denn wir hatten es ja bis jetzt noch nicht gesetzt, sondern nur angeschlagen!
Und es sollte auch noch nicht gesetzt werden, denn schließlich lagen wir an der Mole mit je zwei Vor- bzw. Achterleinen festgemacht.

Als nächstes schlugen wir die Fock an.
Da gab es dann so Ausdrücke wie Segelhals, Schnappschäkel, Vorstagbeschlag, Stagreiter, die in eine Reihe gehörten, den Kopf der Fock einschäkeln und das Fall zwischenzeitlich auf der Klampe belegen. Ein Ende der Fockschot doppelt durch die Kausch am Schothorn führen und den Rest der Schot durchziehen.

Und irgendwie schien Mike Krüger aus den Tiefen des Bodensees zu uns hinauf zu singen: "Man muss nur den Nippel durch die Lasche ziehen!" Doch es galt nicht den Nippel durch die Lasche zu ziehen, sondern die Schoten außen um die Wanten herum durch die Leitösen oder Decksaugen führen und mit einem Achtknoten vor dem Ausrauschen sichern. Ich weiß nicht warum, aber der Ausdruck Ausrauschen gefiel mir irgendwie besonders gut.

Schon beim Belegen des Falls auf der Klampe gab es die ersten Schwierigkeiten, denn die Klampe lag nicht vor uns auf dem Tisch im Schulungsraum, sondern war am Mast befestigt. Also musste der Knoten jetzt senkrecht, anstatt waagerecht angebracht werden.
Was für eine Umstellung!

Nun waren die Segel angeschlagen, ohne, dass sie sich eine Verletzung zugezogen hatten.

Felix machte uns mit den Gegebenheiten an Bord bekannt. Er stellte fest, dass er nicht nur einen Haufen wissbegieriger Schüler an Bord hatte, sondern auch den maritimen Haufen, der uns zuletzt auf Seite 32 dieses Buches untergekommen war. Aber was war das noch gleich?
Das war jetzt eigentlich egal, den das Ruderblatt musste am Heck befestigt werden und wir wurden aufgefordert unsere Plätze einzunehmen, und zwar so, dass das Boot einigermaßen in der Balance war. Das war gar nicht so einfach, denn Daniels Anwesenheit war schon ziemlich gewichtig!
„Leinen los!", kam nun das Kommando von unserem Ausbilder. Also versuchten wir die einfach und schnell hergestellten Knoten, die zuverlässig hielten, leicht zu lösen.
Aber die Leinen hatten natürlich im Wasser gelegen, von Wind und Wellen bearbeitet. Ich fand es nicht ganz so einfach sie zu lösen, wie ich es mir vorgestellt hatte. Aber vielleicht gab es da ja auch einen Trick,

denn man uns vergessen hatte mitzuteilen?
Doch auch die anderen drei an den Leinen brachten sie nicht gleich los und so hoffte ich, irgendwann im Laufe der Woche, hinter das Geheimnis zu kommen, was mir einen leicht lösbaren Knoten bescherte.

Dann holten wir die Fender (das sind diese Gummibälle oder Box-Birnen, die eine Beschädigung des Bootes verhindern sollen) ein und verbrachten sie in die Stauräume in den Bordwänden.
Gleichzeitig wurden zwei Mann ausgeguckt, die sich die beiden Ruder aus dem maritimen Haufen schnappten und damit begannen uns aus der Box und dem Hafen zu paddeln, während ein Dritter an der Pinne Platz genommen hatte und somit der Schiffsführer war.
Einen Motor hatten die Segel-Schulschiffe nicht, da sie im Falle eines Notfalls oder in Ermangelung von Wind, durch das Motorboot der Schule zurück in den Hafen geschleppt wurden.
Wir ruderten ein ganzes Stück aus dem Hafen und versuchten herauszufinden, aus welcher Richtung der Wind kam. Morgens kam er aus Süd oder Süd-Ost, während er mittags und abends eher aus Westen kam.
Heute kam er - gar nicht?
Also bestimmte Felix, aus welcher Richtung er heute zu kommen hatte und forderte die Galeeren-Sklaven auf, das Boot mit dem Bug in den nicht vorhandenen Wind zu drehen, während wir anderen darauf verzichteten „Pull, pull!" zu rufen.

„Klar zum Setzen des Großsegels!"
„Großsegel ist klar zum Setzen!", hätten wir eigentlich darauf antworten sollen. Aber die Kommandos hatten wir noch nicht gelernt, sodass Felix sich selbst antwortete und in einen Selbstmonolog verfiel: „Heiß Großsegel!" und das Großsegel Hand über Hand durch das Fall holte, bis der Segelkopf am Masttopp saß.
„Klar zum Setzen der Fock!", war sein nächstes Kommando, worauf er von uns ein „Fock ist klar zum Setzen!" bekam und das Fock am Fall nach oben zog.

Somit waren wir also bereit, unseren ersten Segeltörn zu unternehmen.
Also, wir waren bereit es zu tun. Doch obwohl wir bereit waren, es zu tun, tat sich nichts! Und wenn der Wind gar nicht blies, dann herrschte Flaute und die herrschte jetzt so flau, dass es flauer nicht hätte sein können.
Der Hinweis eines Segelschülers, dass ein wesentlicher Unterschied zwischen Motorboot- und Segelbootfahren darin bestand, dass man Motorboot auch bei diesem Wetter fahren konnte, war nicht wirklich erbauend.
Wir trieben, aber taten wir das wirklich, so vor uns dahin! Vom anderen Schul-Segelboot, dass wesentlich weiter auf dem See draußen war, kam gelegentlich die Anfrage, ob wir mehr Wind als sie hätten. „Negativ!", war die Antwort und so kam der Vorschlag zurück, heute doch schon ein wenig früher Mittag zu machen,

da wir am Nachmittag vielleicht mehr Glück haben könnten. Also holten wir die Segel nieder und ließen uns von dem gut eingespielten Ruderteam wieder zurück in den Hafen paddeln.

Wir ließen die Segel angeschlagen und machten das Boot wieder an den vier Leinen fest. Gerade als ich meinen ersten Knoten festziehen wollte, stand Daniel auf und das Boot wippte so schnell von links nach rechts, dass es mir die Leine durch die Finger zog. Sie versank mitsamt dem einfach und schnell herzustellenden Knoten in den Fluten der tobenden See.

„Bist zu langsam gewesen, beim Knoten?", fragte mich irgendein schadenfrohes Mitglied der Crew mit einem zwinkernden Auge.
Ja, das mit den Knoten war hier draußen noch ein wenig spaßiger, als drinnen. Aber ich war mir sicher, als angehender Seewolf auch das eines Tages hinzubekommen!
Aber jetzt gab es zunächst einmal Futter, danach einen guten Kaffee am Kiosk neben der Segelschule und eine neue Sonnenbrille.
Ich hatte meine daheim vergessen und es war wirklich kein Spaß sich den Sonnenspiegelungen auf dem Wasser auszusetzen. Außerdem noch ein wenig mehr Sonnencreme aufgetragen, denn die Sonne da draußen knallte richtig herunter.
Am Nachmittag kam tatsächlich ein wenig Wind auf, sodass wir wieder aus dem Hafen hinaus paddelten,

jetzt zwei andere, der Gerechtigkeit wegen.

Der Wind löste auch jetzt nicht so eine richtige Begeisterung bei uns aus, aber er blies gerade so viel, dass wir uns an seine Richtung und die Stellung des Bootes zu ihm gewöhnen konnten.
Wir lernten nun praktisch am raumen, oder an sonst einem Wind zu fahren.
Interessant war auch, dass der Bootsführer immer auf der Seite des Bootes saß, aus der der Wind blies. Das bedeutete, dass er der größten Gefahr ausgesetzt war, einen steifen Hals(e) zu bekommen.
Was das Boot nicht bekam, obwohl die Segel auch einen Hals besaßen, wie wir gelernt hatten. Nein, es liebte es sogar eine Halse zu fahren, wenn es „Vor dem Wind" unterwegs war, weil es dann das Heck durch den Wind drehen konnte.
Wenngleich sie manchen Crewmitgliedern zu Schmerzen verhelfen konnte, falls sie als Patent-Halse gefahren wurde, weil der Schiffsführer vergessen hatte „die Großschot dicht zu holen!" Damit hatte Maria bereits ihre Erfahrungen vor gut einer Woche gemacht.
Dann fuhren wir am halben Wind um kurz danach den Kurs auf „Am Wind" zu drehen.
Ich lernte, dass eine Wende keine Drehung um 180° war, sondern es sich dabei um eine Kursänderung um etwa 60°-80° handelte. Sie wurde beim „Am Wind-Fahren" vollzogen, indem man den Bug durch den Wind drehte. Auch hier gab es ein klares Kommando: „Klar zur Wende!", gab der Bootsführer vor, worauf

die Mannschaft antwortete: "Ist klar!"
Dann kam das „Ree" vom Bootsführer, als er die
Pinne umlegte, damit das Schiff eine andere Richtung
bekam.
Bei diesem Vorgang schlugen die Segel auf die andere
Seite um, was mit einem „Über die Segel!" kommentiert wurde und zugleich der Zeitpunkt war, an dem
der Schiffsführer die Seite wechseln musste.
Dieses Wechseln der Bootsseite sollte im weiteren
Verlauf der Woche zu meinen Lieblingsbeschäftigungen werden, da ich mir damit beweisen konnte, wie
sportlich ich noch in meinem hohen Alter war!

Also kreuzten wir ein wenig auf dem See herum,
bis jeder einmal die Pinne in der Hand hatte, um zu
merken, dass das Boot irgendwie immer eine andere
Richtung einschlagen wollte, wie man selbst. Wenn
man die Pinne zu sich herzog, drehte sich das Boot
mit dem Bug von einem weg und nicht wie erwartet
zu einem hin. Das war anders als beim gewohnten
Autofahren, wie ich fand.
Außerdem konnte man mit kleinen Drehbewegungen
an der Pinne das Schiff sehr sensibel steuern, was
einer grobmotorigen Landratte zunächst nicht so ohne
Weiteres gelingen mochte.
Gespür war gefragt, Gespür für Boot, Segel, Wind,
Strömung und Wellengang. Gespür dafür, dass es sich
bei dieser Sache hier, um Wassersport handeln könnte.
Und wieder waren klare, laute Kommandos gefragt,
die der Crew ankündigten, was man machen wollte.

Denn sie mussten bei allen Manövern mitmachen und konnten sich nicht, so wie in meinen Vorstellungen von Seite 7, auf die faule Haut legen.
Hatte ich in der Mittagspause noch daran gedacht, mir eine neue Sonnenbrille zu kaufen, so hatte ich vergessen mit der Sonnencreme noch einmal nachzulegen. Irgendwie merkte ich, dass meine Haut anfing ein wenig zu brennen. Doch schlimmer war noch, dass ich nichts zum Trinken mitgenommen hatte.
Der Nachmittag auf See hatte mich förmlich ausgetrocknet, sodass ich nach dem Anlegen und Bergen der Segel sofort in den Biergarten ging, indem es das Grillfleisch gab.
Ich bestellte gleich zwei große Gläser Mineralwasser, was einen kleinen Jungen am Nebentisch ganz verwundert schauen ließ, da ich alleine am Tisch saß.
Als er seine Mutter auf mich aufmerksam machte, hatte ich schon ein Glas hinuntergekippt, sodass sie ihrem Sohn nicht so recht glauben wollte, was er ihr erzählt hatte.
Sie konnte sich vielleicht auch nicht vorstellen, das Durst schlimmer als Heimweh war und dass ich den ganzen Nachmittag in brühender Hitze auf einem Segelboot, nein nicht gegen Wind und Wellen, sondern gegen die Flaute gekämpft hatte.

Und so ging ein geruhsamer Samstag auf einem ruhenden See ruhig zu Ende.

17 Gnadenloser Wind

Das Wetter schien sich gegen uns verschworen zu haben, so hätte man meinen können. Aber tatsächlich war es so, dass wir Hochsommer am Bodensee hatten. Es war ein herrlicher Sonnentag, der zum Badengehen einlud.
Aber uns stand nicht der Sinn nach Schwimmen, wir wollten Segeln.
Doch daraus wurde es an diesem Vormittag wieder nichts. Es schien als ob sich der Wind an einer Ecke des Bodensees an den Strand gelegt hätte und dort eingeschlafen war. Gnadenlose, absolute Windstille!

Gelegenheit für uns noch einmal einige theoretische Dinge, wie Vorrangregeln oder Seezeichen im klimatisierten Schulungsraum zu wiederholen. Auch waren einige Manöver mit dem Segelboot zu fahren, die wir noch nicht kannten.
Also erklärte uns Felix das „Mann über Bord Manöver" an Land, welches wir nachher, sofern der Wind ausgeschlafen hatte, üben wollten.
Doch zunächst gab es tatsächlich eine Diskussion darüber, ob das Manöver nun „Mann über Bord" oder „Mensch über Bord" heißen sollte.
Denn obwohl es ja schon seit Urzeiten bekannt war, dass Frauen an Bord eines Schiffes nur Unglück brachten, wagten es einige dieser Emanzen sich dadurch benachteiligt zu fühlen, dass nur Männer über Bord gehen durften!

Sie befürchteten, dass sie (und das vielleicht zu Recht?) nicht gerettet wurden, wenn man feststellte, dass der Mann ja eine Frau war.
Und da es „Mann über Bord" hieß, kein Bedarf bestand, eine Frau zu retten.
Überall mussten die sich einmischen, diese emanzipierten Weiber! Ich war mir sicher, dass die Anregung zu dieser Diskussion von irgendwelchen wasserscheuen Frauen kam, die niemals zur See fahren würden, aber Hauptsache, sie hatten wieder einmal ihren Senf dazu gegeben!
Kurz streifte mich der Gedanke einer Geschäftsidee, die darin bestehen konnte, ungeliebte Frau mit auf den See zu nehmen, um sie bei einem solchen Manöver tatsächlich zu verlieren, nur um ihnen einmal recht zu geben, wenn sie solche Diskussionen entfachten!

Doch ich behielt diese Idee für mich, schließlich könnte sie ja ein anderer aufnehmen und umsetzen?
Und, sie vertrug sich keineswegs mit der Idee der praktischen Seemannschaft, die stets bereit war Mann, Frau, Hund, Haifisch oder sonst was zu retten!

Ein ganz anderer meiner Gedanken beschäftigte sich damit, wie denn ein „Mann über Bord-Manöver" wohl für Lesben oder Schwule ausfallen sollte?
Ich mochte mir nicht vorstellen, wenn es hieß „Ach Gottchen nee, jetzt ist mein Liebster über Bord gegangen. Tut…tut…tut… Möchte ihn denn nicht jemand retten, biiitte? Hilfe… hiilfe!"

„Was ist es denn - Mann oder Frau?"
„Nun, mein Schätzchen ist eigentlich ein Mann, aber in unserer Beziehung nimmt er gerne die Rolle der Frau ein!" „Ach so!
Dann wäre Mensch über Bord vielleicht ja doch nicht so verkehrt, oder?"
„Nun, das kann ich jetzt auch nicht so einfach von ihr behaupten. Denn menschlich gibt er sich – ach ne, pardon sie, sich nicht immer – denn gelegentlich offenbart sie schon sehr animalische Triebe...!
Aber das wollte hier sicherlich keiner so genau wissen.
Na egal: "Rettungsmittel nachwerfen!" und Schwamm drüber.

Und zurück zum Segelunterricht!

Doch da wir ohnehin schon ziemlich vom Thema abgelenkt waren und der Wind immer noch Flaute hatte, ging es zunächst einmal zum Mittagessen.

Nach dem Essen kam tatsächlich so ein kleines Lüftchen auf, dass gerade dazu ausreichte, ein Segelboot zu bewegen. Also hieß es für uns an Bord zu gehen, die Segel anzuschlagen und aus dem Hafen heraus zu rudern.
Dann drehten wir das Boot in den Wind und setzten die Segel. Heute hatte Daniel zuerst die Position des Schiffsführers eingenommen. Das bedeutete für uns, dass mindestens zwei Personen ihm gegenüber auf

der anderen Seite des Schiffes sitzen mussten, um die Balance zu halten.
Das „Mensch über Bord" Manöver bestand aus einigen Kursänderungen, der sogenannten Q-Wende und dem Aufschießer, der mich ganz kurz an unser Schwulenpaar von heute Vormittag erinnerte (pfui!).

Das interessante an diesem Manöver bestand aber auch darin, dass wir uns in unserem Boot zunächst einmal vom „Über Bord gegangenem Menschen" entfernten.
Mir kam da ganz schnell der Gedanke, dass jemand, der dieses Manöver nicht kannte, noch mehr in Panik geraten würde, wenn er über Bord gegangen war und das rettende Schiff sich von ihm entfernte, anstatt zu halten um ihn zu retten.
Aber zum einen, hält man mit einem Segelschiff nun nicht einfach mal so an und zum anderen galt es, auf den Verunglückten gegen Wind und Welle anzufahren, damit ihm die Strömung aufs Boot zu trieb. Es machte wenig Sinn, mit dem Boot hinter ihm her zu eilen, um ihn möglicherweise doch nicht einzuholen.
Daniel segelte also am Wind und saß auf der Luv-Seite des Bootes, die bekanntlich ja dem Wind zugewandt war. Alex und ich saßen auf der Bordwand der Lee-Seite, um dem Boot die nötige Balance zu geben, die ihm Daniel nahm.
Felix hatte es sich im Bug-Raum des Bootes gemütlich gemacht, um uns in das Manöver einzuweisen.

Die Schoten waren dicht geholt und es ging in gemütlichem Tempo dahin.
Wir saßen da also alle ganz entspannt auf dem Boot, bis Felix die Boje (männlich oder weiblich, was auch immer) an der rechten Bootsseite über Bord warf.
Böse Zungen behaupteten am Abend, dass er absichtlich einen Menschen , und das mehrmals, über Bord geworfen hätte, dieser Lümmel!
„Mensch über Bord an Steuerbord!", kam sogleich das erste Kommando von Daniel. „Jürgen, Rettungsmittel nachwerfen!" Woraufhin ich den Rettungsring mit den Worten „Rettungsmittel geworfen!" in Richtung Boje warf.
Nein, ich warf den Rettungsring nicht wirklich. Denn es wäre etwas aufwendig geworden zuerst die Boje zu retten und dann den Rettungsring zu bergen. Also blieb es bei dem symbolischen Wurf, denn wir wussten alle, was gemeint war.
Gleichzeitig gab Daniel mit den Worten „Kursänderung auf halben Wind und fier auf die Schoten!" den neuen Kurs vor.
„Alex, Mensch im Auge behalten! – Kursänderung auf raumer Wind – fier auf die Schoten!", war sein nächstes Kommando. „Alex angeben, wenn Mensch drei bis vier Bootslängen von achteraus!"
Dies bedeutete, dass wir uns nun zunächst einmal drei bis vier Bootslängen vom Überbordgegangenem entfernten, um genügend Raum für die Q-Wende zu schaffen.

Alex gab das Kommando „Mensch drei bis vier Bootslängen achteraus!"
Und nun musste es schnell gehen.
„Klar zur Q-Wende!" forderte uns Daniel auf, worauf die Mannschaft ein „Ist klar!" zurückgab. „Hol dicht die Schoten!"
Und mit dem Kommando „Ree!" brachte er das Boot, durch ein Wegschieben der Pinne, dazu nach links abzudrehen.
Während sich das Boot im Wind drehte, schlug das Focksegel um. Also mussten Steuermann und Mannschaft die Plätze wechseln.
Alex quetschte sich zwischen Mast und Fock auf die andere Seite durch. Während ich versuchte auf allen vieren unter dem Großbaum von Luv nach Lee zu wechseln.
Daniel stieg über die Pinne, was das Boot die Balance verlieren ließ, da ich es noch nicht geschafft hatte auf die andere Seite zu kommen. Das Boot kippte nach Steuerbord, sodass ich mit dem Arm abknickte und über eine Seitwärtsrolle auf dem Rücken unter dem Großbaum zu liegen kam.
Wie eine Schildkröte lag ich da nun mit allen vieren nach oben. Es gelang mir nur schwer mich umzudrehen, um auf die andere Bootsseite zu kommen.
Felix, der unseren athletischen Wechsel beobachtete, gab mir den Rat, einen Gymnastikkurs zu besuchen, bevor ich das nächste Mal zu einem Segelkurs antreten würde. Ich dachte nur, komm du mal in mein Alter, dann werden wir weitersehen.

Ansonsten konnte ich ihn aber dahingehend beruhigen, da ich mich tatsächlich für den nächsten Monat bei einem solchen Kurs angemeldet hatte. Aber irgendwie vertauschte ich die Reihenfolge meiner Kurse, sodass zunächst das Segeln dran war und dann das Turnen.
Noch bevor wir die Q-Wende zu Ende gefahren hatten, war ich aber dann wieder auf meinem Platz an Backbord.
„Fier auf die Schoten!" kam das nächste Kommando, sodass wir im halben Wind in Richtung „Mensch" fuhren.
Das letzte Manöver, welches wir zur Rettung unserer Boje fahren mussten, war der „Aufschießer". Dabei galt es das Boot direkt gegen Wind und Welle zu stellen, um es zu stoppen. Und zwar um es so zu stoppen, dass sich die Boje direkt an Steuerbord an der Bootswand befand, um sie ins Boot aufzunehmen.
Also gab Daniel das Kommando „Klar zum Aufschießer!" und bekam zur Antwort „Ist klar!"
Das war zugleich die Warnung, dass der Großbaum umschlagen würde und wir auf unsere Köpfe zu achten hatten, um nicht von ihm erschlagen oder über Bord geworfen zu werden.
Mit dem Kommando „Schoten los!" wurden die Schoten gelöst und das Boot durch ein schnelles Wegschieben der Pinne, rechtwinklig zur Fahrtrichtung, in Richtung Boje gedreht.
Idealweise sollte die Boje auf der Seite des Bootes aufgenommen werden, an welcher sie ins Wasser

geworfen wurde, in unserem Falle also an Steuerbord.

Wenn man jedoch den richtigen Zeitpunkt des Aufschießers verpasste, kam sie auf Backbord ans Boot, was nicht unbedingt schlimm war, oder aber man verfehlte sie gänzlich, indem man zu weit weg von ihr zum Stehen kam.
Schlecht war auch, direkt mit dem Bug auf sie zuzufahren, um sie dann gänzlich zu versenken!
Daniel gelang dieses Manöver gleich beim ersten Mal sehr gut, sodass wir die Positionen im Boot wechselten.
Alex übernahm nun das Ruder. Daniel nahm ihm gegenüber Platz und ich musste auf derselben Seite sitzen, wie Alex, um dem Boot abermals die nötige Balance zu geben.
Da Daniel eventuell noch mehr Probleme bekam, als ich, sich unter den Großbaum durch zu schlängen, hatte ich wieder die Glückskarte gezogen, die da hieß, unter den Baum durch und nicht zwischen Fock und Mast vorbei!

Leibesübungen standen weiterhin an diesem Nachmittag für mich an – Rock'n'Roll, yeah!

Die Sonne schien unentwegt auf mich nieder und so machte sich bei mir nach und nach ein richtig toller Sonnenbrand bemerkbar, obwohl ich mich zwischen den Turnübungen immer wieder eincremte.
Bei Alex klappte das Manöver nicht so gut wie bei

Daniel und so musste er es mehrmals wiederholen.
Ganz zu meiner Freude, denn geschmeidig wie eh
und je rollte oder krabbelte ich unter dem Großbaum
hindurch, während Daniel sich am Mast vorbei auf die
andere Bootsseite zwang.
Durch diese oft geübte Wechseltechnik gelang es mir
im Laufe des Nachmittags gleichzeitig mit Alex und
Daniel die Seiten zu wechseln, sodass das Boot sehr
entspannt dahinschwebte, so wie ich eben auch, auf
dem Boden unseres Schulschiffes.
Ich möchte nicht behaupten, dass das nun besser
aussah, aber doch sehr sehr viel routinierter! Ich hatte
sozusagen, nach meiner ersten Schildkrötenrolle, den
Dreh raus, was auch Felix verstummen ließ.

Als ich an der Reihe war, das Manöver zu fahren, galt
es einfach nur, es so gut wie möglich zu machen, um
diesem Jungspund von Ausbilder mal zu zeigen, was
ein geschmeidig daher rollender Opa im Stande war
zu leisten!
Ich musste ihm ja nicht sagen, dass ich bereits schon
jetzt unter starkem Muskelkater litt und mein Kreuz
nach Entspannung lechzte.

Also „Mensch über Bord!" und los ging's.

Während der Q-Wende musste ich nun auf die
andere Seite des Bootes wechseln. Ich saß also auf
der Bordwand, die so niedrig war, dass ich Mühe
hatte überhaupt aufzustehen. An der Pinne konnte

ich mich nicht festhalten, da das Boot sofort einen anderen Kurs einschlagen würde, was auf keinen Fall erwünscht war. Ich musste also irgendwie Schwung aus dem Kreuz holen, um aufstehen zu können. Dies war mir auch schon fast gelungen …, es war mir fast gelungen…

Aber Alex nahm nicht meine Supertechnik an, um unter dem Baum hindurchzukommen und es sah ähnlich blöd bei ihm aus, wie er die Seite wechselte. Dazu kam noch, dass Daniel zwischenzeitlich sehr viel geübter war, sich am Mast vorbei zu drängen, sodass er schneller auf meiner Seite war, als wir beiden auf der anderen.

Das führte dazu, dass das Boot in eine äußerst bedrohliche Schräglage kam und ich zurück auf die Bordwand fiel, ohne jede Chance von alleine wieder hochzukommen.

Geistesgegenwärtig verlagerte Daniel sein Gewicht auf die andere Seite, auf der Alex endlich auch schon angekommen war. Dadurch schlug das Boot zur anderen Seite um, sodass ich von der Bordwand über die Pinne katapultiert wurde und ich es nur mit ein wenig Glück vermied, über Bord zu gehen. Dass ich nicht über Bord ging, war wohl meiner unbeschreiblichen Geschicklichkeit zu Gute zu halten, die mich souverän über die Pinne gleiten lies. Das musste Felix wohl auch so erkannt haben, denn er mochte diese elegante Sporteinlage nicht kommentieren, obwohl es ihn da vorne im Bug auch ordentlich hin und her gehauen hatte.

Alles war gut:
Alex und ich auf der einen Seite, Daniel auf der anderen, Boot auf Halbwind-Kurs und Boje im Blick!

Und: Der Aufschießer klappte ganz hervorragend!

Damit war für diesen Nachmittag Schluss. Wir segelten Richtung Hafen, holten die Segel nieder und ruderten nach dieser erfolgreichen Segelstunde stolz in den Hafen ein.

Es war uns gelungen, ganz cool und stressfrei das „Mensch über Bord" Manöver zu fahren!
An diesem Nachmittag hatten wir zig Mal die Boje bei unheimlich ruhiger See geborgen.
Irgendwie fiel mir der letzte Freitag ein, an dem wir bei vier Windstärken das gleiche Manöver mit dem Motorboot gefahren waren. Ein ganz seltsames Gefühl beschlich mich, bei der Vorstellung dieses Manöver mit dem Segelboot bei vier Windstärken zu fahren.

Alles in allem war es ein sehr interessanter Sonntag gewesen, mit sehr viel neuen Eindrücken und Erfahrungen rund ums Segeln.

Und was den Muskelkater und den Sonnenbrand anging, da fielen mir meine Worte aus dem zweiten Kapitel wieder ein: Zum einen wäre ich ständig an der frischen Luft, zum anderen müsste ich mich ein wenig bewegen und zum dritten wäre es sehr schön, so ganz relaxt auf einem Segelboot zu liegen und ein wenig in der Sonne zu entspannen.

Das konnte man nun so oder so sehen…

18 Gnadenlose Sonne

Der Montag, der 08. August war der Hammer.

Zum einen hatten wir super Sonnenschein, zum anderen 2 bis 3 Windstärken, die für Segelanfänger einfach nur genial waren.
Und so verschwendeten wir keine Zeit mit irgendwelchen theoretischem Kram, sondern begaben uns sofort in die Boote, um diese tollen Wetter-Voraussetzungen zum Segeln zu nutzen.
Zunächst einmal wurde das „Mensch über Bord"-Manöver noch einmal geübt.
Das war für mich abermals mit schweren bis ganz schweren Leibesübungen verbunden. Irgendwie streifte mich dabei immer der Begriff „Wassersport", denn zu dem entwickelte sich unser Segeltörn immer mehr.
Je mehr Manöver wir an diesem Tag fuhren, umso mehr erhöhte sich die Anzahl meiner Übungen an Bord. Obwohl wir uns ja nur auf einem relativ kleinen Schiff befanden, gab die Fläche sehr viel Platz zum Turnen her. Immer wieder galt es die Position zu wechseln und aktiv an den Manövern teilzunehmen.

Ich musste mich nicht nur ein wenig bewegen, sondern ziemlich viel. Aber das war ja auch der Sinn der Sache gewesen, nämlich dem Schreibtisch zu entkommen und ein wenig Spaß und Bewegung zu haben. Hier bekam ich beides geboten und zwar reichlich!

Denn das war ja auch ein Teil meines Planes zu neuen Ufern aufzubrechen.
Felix erzählte uns, dass er Regatten fuhr und ihm die Windstärken 5 und 6 am besten wären. Zum einen ging da richtig der Punk ab und zum anderen würden bereits im Vorfeld etliche Gegner die Segel streichen, da sie mit diesen Wetterverhältnissen nicht zurechtkamen.
Aus seinen Erzählungen konnten wir heraushören, dass es bei den Regatten mächtig sportlich zuging und Beweglichkeit sowohl körperlich, als auch geistig unbedingt vorhanden sein mussten.

Kein Problem für mich, zu mindestens das mit der geistigen Beweglichkeit, denn schließlich hatte ich die theoretische Prüfung ja äußerst souverän hinter mich gebracht. Und das bei einem Fragenkatalog von fast fünfhundert vielfältigen Aufgaben. Und das mit der körperlichen Beweglichkeit würde für mich auch kein Problem darstellen, denn schließlich hatte ich mich für den nächsten Monat ja schon zur Gymnastik angemeldet.
Also, was soll's: Regatta fahren bei 5-6 Windstärken, das würde irgendwann auch mal mein Ding werden. Einen Seewolf schreckt doch so etwas nicht wirklich. Nun, der Gedanke an sich war nicht schlecht, schlecht hingegen war, dass ich beim Umsteigen auf die andere Bootsseite abermals meine Schildkröten-Rolle vollzog, die bei einer Regatta sicherlich nicht von Vorteil wäre.

Naja, vielleicht könnte ich mich ja auch auf einen gemütlichen Segeltörn begeben, so wie heute bei 2-3 Windstärken.
Die beiden nächsten Manöver, die wir jetzt trainierten waren das Anlegen an einen Steg vor bzw. gegen den Wind. Auch hier war Beweglichkeit gefordert, denn schließlich mussten Großsegel und Fock geborgen werden. Und obwohl wir nun schon über eine Woche lang mit Motor- und Segelboot unterwegs waren, war die Unsicherheit sich aufrecht an Bord zu bewegen immer noch da, denn es wackelte nun einmal auf See.

Dass die Sonne gnadenlos auf uns herunter schien, bemerkten wir wegen des guten Windes nicht.
Ich hatte zwar heute an alles, Getränke, Sonnenmilch und -brille, gedacht hielt es aber nicht für nötig auch eine Kopfbedeckung zu tragen. Denn durch mein dichtes, schulterlanges Haar würde die Sonne nicht in mich eindringen können, so war die Vorstellung. Aber sie tat es doch, was ich erst am nächsten Tag so richtig zu spüren bekommen sollte. Hier und heute hatte ich das Gefühl, dass sie mir nichts anhaben konnte und wir die einstudierten Manöver ganz gut hinbekamen.

Die Fahrt auf dem Bodensee war trotz des neuen Lernstoffs sehr entspannt und wir hatten richtig Zeit, um uns näher kennenzulernen und uns prima zu unterhalten, wobei auch kleine Frotzeleien über die Geschmeidigkeit, das Gewicht oder die Beweglichkeit mancher Crewmitglieder ihren Platz fanden.

Heute hatten wir so richtig Spaß auf dem See.

Ein weiteres Manöver, das zu fahren war, war der Manöver-Kreis. Über den Sinn oder Unsinn, eines Manöver-Kreises zu diskutieren wäre hier wohl fehl am Platz. Bei dieser Übung ging es darum, mit dem Segelboot einen Kreis zu fahren. Ich weiß nicht, ob irgendjemand wirklich Lust hatte ständig im Kreis herum zu fahren. Nur, die Eigenart dieses Manöver war es, das man das Boot beim Kreisen in jede Windrichtung stellte, Wenden und Halsen fahren und die Schoten und Segel ständig in die richtige Stellung bringen musste.

Kurz und gut, es war das ideale Manöver um in der praktischen Prüfung alle Gegebenheiten des Segelns in äußerst kurzer Zeit abzufragen, zumal es auch die dazu gehörenden Kommandos beinhaltete. Man drehte das Boot einmal um 360° im Kreis herum. Dabei gab es natürlich zwei Möglichkeiten, man konnte entweder rechts oder links herumfahren.

Fuhr man gerade „Am Wind" und entschloss sich links herum, also nach backbord, zu fahren, gab es zunächst den Kurswechsel zum „Halben Wind", anschließend den Kurswechsel zum „Raumen Wind". Daran schloss sich die Halse an, wobei man das Heck durch den Wind drehte und weiterhin im „Raumen Wind" segelte, nur das die Segel überkamen.
An dieser Stelle hatte man das Boot bereits um 180°

gedreht.
Aus dem „Raumen Wind"-Kurs wurde wieder auf „Halben Wind" gedreht. Daran schloss sich die Kursänderung auf „Am Wind" an. Durch das Fahren einer Wende drehte man das Boot mit dem Bug durch den Wind, wodurch man wieder in die Ausgangsstellung gelangte und somit einen 380° Kreis gefahren war.

Während dieses Manövers hatte die Mannschaft zwei Mal die Plätze gewechselt, indem sie auf die andere Seite gerollt, gekrabbelt, gegangen, übergesprungen oder was immer war. Und sie hatte die Schoten etliche Male dicht geholt oder aufgefiert.

Wie gesagt, da war so ziemlich alles dabei und wer Lust verspürte, konnte das Manöver ja auch noch rechts herumfahren. Die Reihenfolge der Manöver erspare ich dem geneigten Leser aber gerne an dieser Stelle.

Hin und wieder fragte Felix die Vorrangregeln ab, da uns immer wieder andere Segel- oder Motorboote passierten oder kreuzten.
Klar für uns war immer, dass die Kursschiffe Vorrang hatten. Man mochte sich auch nicht wirklich mit ihnen anlegen. Eine Ausnahme unter den Fährschiffen ist jedoch der Katamaran „Constanze". Da dieses Schiff auch zu anderen Zwecken eingesetzt wird, hat es einen ähnlichen Status wie ein normales Motorboot und eigentlich, genau wie andere Motorboote, keine

besonderen Vorrangrechte auf dem Schwäbischen Meer. Aber man mochte sich auch nicht wirklich mit dem Katamaran anlegen, wenn man schlau war.

Surfer und Schlauchbootfahrer mussten einem Segelboot ebenfalls ausweichen, aber da war es ratsam sich mit den Fahrern dieser Geräte abzusprechen, denn sie hatten, als Hobbysportler, meist keine Ahnung von den Vorrangrechten auf dem Bodensee.
Außerdem war es hier, genauso wie im Straßenverkehr nicht immer ratsam auf sein Recht zu pochen!

Anders sah es bei Segelbooten untereinander aus, da musste man das eine oder andere Mal schon mal kurz überlegen, wer warten oder ausweichen musste, denn so sattelfest waren alle hier in unserem Boot noch nicht mit diesen Regeln in der Praxis.

Einige der Kursschiffe machten sich auch manchmal, zum Teil berechtigt, zum Teil ziemlich übertrieben, wichtig, um ihr Vorrangrecht durch ein Hupen zu untermauern.

Wir hatten auf jeden Fall unseren Spaß an diesem Montag und blieben fast sechs Stunden, nur unterbrochen durch eine einstündige Mittagspause auf dem See.
Während unserer Fahrt wusste Felix von zwei tödlichen Unfällen auf dem Bodensee vom vergangenem Jahr zu berichten. In beiden Fällen ereignete sich das-

selbe. Eine vierköpfige Familie machte einen Segeltörn. Da nur der Vater das Bodensee-Schiffer-Patent besaß, hatten die anderen Mitglieder seiner Familie leider keine Ahnung davon, wie man sich im Notfall auf See zu verhalten hatte. Zu allem Übel wurden sie auch nie vom Vater eingewiesen, wie ein Segelboot zu handhaben war.
Zu der Tragödie kam es, als ausgerechnet der Vater über Bord ging und das Segelboot führerlos weiterfuhr. Bis andere Wassersportler darauf aufmerksam wurden, was dieser Familie passiert war, konnte die Väter in beiden Fällen nicht mehr gefunden werden und ertrank.
Deshalb erschien es ihm sehr wichtig, auch ungeübten und nicht ausgebildeten Personen eine kleine Einweisung zu geben, damit sie in einem solchen Fall das richtige tun konnten.
Denn wir hatten ja am letzten Freitag bei unserer Motorbootprüfung gesehen, das bei unruhiger See, unsere Boje immer wieder in den Wellentälern verschwand und schlecht zu orten gewesen waren.
Außerdem taten Wind und Wellen und zuletzt auch die Wassertemperatur ein Übriges, dass ein „Mensch über Bord" Unfall sehr sehr schnell, ganz ganz schlecht ausgehen konnte.

Immer wieder versuchten uns unsere Ausbilder auf die Gefahren auf See aufmerksam zu machen. Wir sollten trotz der Freude, die wir heute am Segeln verspürten, uns die Gefahr auf dem Wasser bewusstmachen.

Aber schon längst hatte ich während der letzten Tage bemerkt, dass das hier wirklich nichts mehr mit einem Sonntagsausflug mit der Familie zu tun hatte. Es war echt gefährlich hier draußen, aber auch super spannend und toll.

Und mal ehrlich gesagt, so ein richtiges Unwetter hatten wir ja noch nicht am eigenen Leib zu spüren bekommen, zum Glück nicht!

Als wir am Abend an Land gingen, war es mir ein wenig schwindelig, was ich darauf zurückführte, so lange auf See gewesen zu sein. Vielleicht hatte ich ja doch so einen Anflug von Seekrankheit gespürt, doch dem war nicht so, wie sich am anderen Morgen herausstellen sollte.

Trotzdem lief ich an diesem Abend erst einmal ein wenig schepps zu meinem Auto und fuhr müde und von Muskelkater geplagt nach Hause.
Obwohl es keine eindeutigen Belege dafür gab, dass Winston Churchill einmal „No sports" gesagt haben soll, konnte ich mich seinem ihm angedichteten Zitat ohne weiteres an diesem Abend anschließen.

Müde fiel ich ins Bett und war gespannt, wie der nächste Tag meiner Reise zu neuen Ufern verlaufen würde.

19 Black Out

Irgendwie war die zurückliegende Nacht ziemlich unruhig verlaufen. In den frühen Morgenstunden überkam mich eine kleine Übelkeit und beim Aufstehen war es mir immer noch so ein wenig schwindelig wie gestern Abend. Leichte Kopfschmerzen begleiteten mich auf meinem Weg nach Wasserburg.
Seekrank konnte ich doch jetzt längst nicht mehr sein, weil ich mich vage daran erinnern konnte, dass eine Seekrankheit im selben Moment wieder aufhört, in dem der Betroffene sicheren Boden unter die Füße bekam (oder hatte ich da etwas Falsches aufgeschnappt – ich weiß es nicht so genau?).
Die Konzentration beim Autofahren schien am heutigen Morgen auch nicht so hundertprozentig zu sein – mir kam es vor, als ob es mit heute besonders anstrengen würde.
An der Segelschule angekommen, lief ich ziemlich unsortiert herum und hatte keinen so richtigen Plan beim Anschlagen der Segel.
Alles war so scheinbar im Nebel in meiner Umgebung.
Dennoch, es ging hinaus auf den See und das Wetter war ähnlich gut wie gestern, als wir so richtig toll auf dem See unterwegs waren. Es lief alles gleich ab wie gestern, ich hatte wieder meinen Platz mit dem höchsten Anteil an Leibesübungen eingenommen und wir wiederholten die Manöver noch einmal.
Heute nahm ich sehr teilnahmslos am Geschehen teil.

Als ich an der Reihe war, den Schiffsführer zu geben war ich ziemlich planlos, was ich zu tun hatte, als Felix mir einige Manöver vorgab, die ich fahren sollte.

Als er von mir verlangte eine Wende zu fahren, saß ich auf der Bootswand und überlegte, was er eigentlich von mir wollte. Mein Kopf blieb leer, auch als er mehrmals nachfragte, was ich denn tun musste um eine Wende zu fahren?

Ich kam mir richtig bescheuert vor, denn selbst dieses einfache Manöver schien für mich am heutigen Tag unmöglich zu fahren zu sein.

Wende, was ist eigentlich eine Wende und was meint der denn, wenn er von einer Pinne sprach und vom am Wind segeln?

Was waren das für Schoten? Ich konnte keine Paprikaschoten auf dem Boot erkenne.

Ich war echt total von der Rolle und die Kopfschmerzen und die Übelkeit nahmen mit jeder seiner Fragen zu.

Plötzlich kam ich mir wie einst in der Schule vor, als mein Englischlehrer mich auf Englisch fragte, welche Farbe Bohnen hatten. Ich hatte damals die Vokabeln nicht gelernt und es brauchte mir auch keinen Vorteil ein, dass ich eine ganze Reihe von Farben aufzählte, die aber leider, so viel sie auch sein mochten, allesamt falsch waren und zur Belustigung unter meinen Mitschülern beitrugen.

Ich versuchte mich zu konzentrieren, so gut es eben ging, doch es ging nicht!

Ich hatte das Gefühl überhaupt nicht mitbekommen zu haben, auf einem Segelboot zu sein.
„Tut mir leid, Leute, aber irgendwie bekomme ich das hier und heute nicht gebacken! Könntet ihr mich vielleicht an Land bringen? Mir ist so komisch flau im Magen."
Auf dem Weg zum Hafen einigte man sich darauf, dass ich wahrscheinlich einen Sonnenstich abbekommen hatte.
Die sechs Stunden gestern auf dem See und ohne Kopfbedeckung waren wohl doch zu viel für mich gewesen.
Außerdem plagte mich auch noch der Sonnenbrand. Heute war ich echt zu nichts zu gebrauchen. Und so musste dieser traumhafte Segel-Tag ohne mich auskommen.
Ich verabschiedete mich also von der Crew und schaute, dass ich nach Hause ins Bett kam.
In diesem traumatischen Zustand war ich ja nicht nur eine Gefahr für mich selbst, sondern auch für andere.

Dennoch schaffte ich es ohne Zwischenfälle gut zuhause anzukommen.
Mir wurde immer noch ein wenig schlechter, ohne, dass ich jedoch brechen musste, obwohl ich das Gefühl hatte, dass mein Mageninhalt an meiner Unterlippe anklopfte. Aber es blieb beim Klopfen und den dummen Kopfschmerzen.
Der Schwindel legte sich ein wenig, als auch ich mich hingelegt hatte.

Es war wohl mehr als in Ordnung, dass ich mich nicht einen weiteren Tag der Sonneneinwirkung ausgesetzt hatte.
Ich hoffte auf eine schnelle Genesung , denn schließlich waren es von nun an nur noch drei Tage bis zur praktischen Prüfung am Freitag.
Und so richtig sicher war ich bei den Manövern, die wir gesegelt waren nicht. Wenn ich ehrlich war, musste ich mich noch sehr verbessern, um als entschlossener Seewolf meinem Prüfer entgegentreten zu können.
Und jetzt auch noch der Sonnenstich – auf was hatte ich mich da bloß eingelassen?

Und wieder war ich um eine Erfahrung reicher.
Selbst mit einem dichten Haarschopf was es nicht lobenswert stundenlang im Sonnenschein über den Bodensee zu segeln. Die Sonne brannte da draußen auf dem Wasser noch viel gnadenloser als an Land.
Sie brannte so gnadenlos, sodass sie bei mir einen Black Out verursachte.
Doch trotz dieses Missgeschicks hatte ich weiterhin meinen Spaß in den Tagen am Bodensee.
Der Weg zu neuen Ufern bescherte mir so viel Neues, sei es nun den Einblick in die Welt des Wassersports mit all seinen Gefahren und Faszinationen oder ganz einfach nur die Tatsache, dass ich auf manche Dinge des Lebens eine andere Sichtweise bekam, auch wenn sie jetzt nicht unbedingt etwas mit meiner Seglerausbildung zu tun hatten.

Vielleicht trug dazu ja auch die Tatsache bei, dass ich so herrlich schön beim Segeln entspannen konnte, auch wenn mich mein früherer Sportlehrer dabei nicht unbedingt beobachten sollte. – Schiff ahoi!

20 Das andere Gesicht des Bodensees

Ich konnte nicht behaupten, dass es mir am Mittwochmorgen wesentlich besserging, als am Tag zuvor.
Immer noch hatte ich dieses flaue komische Gefühl im Magen, wenngleich sich der Schwindel etwas verzogen hatte.
Verzogen hatte sich auch der Sonnenschein.
Es hatte irgendwann heute Nacht angefangen zu regnen. Die Temperaturen waren um fast zehn Grad gefallen, so wie es hier in der Region immer wieder vorkam.
Schon aus dem Dachfenster der Wohnung meiner Tochter konnte ich erkennen, dass sich schwarze Wolken über dem Bodensee ausgebreitet hatten.

Eigentlich war mir klar, dass das heute kein Tag zum Segeln war. Gewissheit bekam ich, als ich in Wasserburg am Parkplatz aus dem Auto stieg. Es regnete nun in Strömen und ein gehöriger Wind pfiff mir um die Ohren.
Im kleinen Hafen war helle Aufregung. Die Boote, die dort festgemacht hatten, wurden wild hin und her geworfen. Treibholz, ach was, ganze Baumstämme trieben in den Hafen.
Der Wind kam heute aus Süden und so traf er voll auf die ungeschützte Hafeneinfahrt. Die Mole sicherte den Hafen nur gegen Westwind ab, so wie er in den zurückliegenden Jahren vorwiegend auf Wasserburg zu geblasen hatte.

Doch im Laufe der Zeit traten immer öfter Südwinde auf, sodass man in Wasserburg schon laut darüber nachdachte, den Hafen auch gegen Süden abzusichern.
Doch im Moment gab es diesen Schutz noch nicht und die Schiffe waren dem Treibholz schutzlos ausgeliefert.
„Bei Föhn unruhig!" war unter der Rubrik Charakteristik in der Beschreibung über den Wasserburger Hafen zu lesen. „Bei Sturm sehr ungemütlich!", wäre da wohl noch hinzuzufügen!

Ja, ungemütlich ging es heute in dem beschaulichen Hafen auf der malerische Halbinsel zu.
Nein, mit Segeln war es heute nichts, obwohl unsere Ausbilder darauf hofften, dass es gegen Mittag besser werden sollte.
Nicht dass es nur in Strömen regnete und die Wellen wie bekloppt gegen die Mole schlugen, nein es legten sich auch noch Nebelschwaden über die kleine Halbinsel. Und obwohl diese nicht allzu dicht waren, konnten wir die Kursschiffe, die an dem etwa einhundert Meter weit ins Wasser ragenden Anlegesteg festmachten, kaum noch erkennen.
Angesichts dieses Schauspiels, wurde es uns immer klarer, wie gefährlich es eigentlich hier auf dem Bodensee werden konnte.
Ich stellte mir vor, dort draußen von diesem Wetter

überrascht worden zu sein. Und ich stellte mir weiter vor, dass ein Mann über Bord ging.
Und ich sah die hohen Wellen und deren tiefen Täler, in denen der Mensch immer wieder verschwand und ich sah den Nebel, in dem ich nichts mehr sah.

Und ich stellte mir vor, dass sich das Ganze auch noch nachts abspielte und ich stellte mir vor, wie aussichtslos es unter Umständen werden konnte, diesen Menschen zu retten. Und ich stellte mir vor, wie kalt und nass und stürmisch es dort zuging und ich stellte mir vor, dass das mir nicht passieren sollte, denn ich wollte unbedingt den gerade aufkeimenden Spaß am Wassersport nicht verlieren!

Und ich konnte unseren Prüfer vom letzten Freitag immer besser verstehen, der so viel Wert auf die Sicherheit an Bord legte.

Also verbrachten wir den Vormittag im Ausbildungsraum der Segelschule, blätterten noch einmal in unseren Büchern rum oder hörten den Erzählungen derer zu, die bereits mehr Erfahrungen mit dem Segel hatten als wir.
Draußen auf den Terrassen oder vor dem Kiosk war natürlich nichts los. Keiner, der nicht musste, traute sich heute den Tag am See zu verbringen. Das traumhafte Wetter der letzten Tage hatte sich verzogen und der Wind und Regen taten ein Übriges.
Gegen Mittag beruhigte sich der Wind ein wenig.

Der Hafenmeister und seine Helfer waren damit beschäftigt das Treibholz und die großen Baumstämme aus dem Hafenbecken zu ziehen.
Wenn sie mit Holz heizten, konnten sie, wenn sie wollten, einen guten Teil ihres Brennholzes mit dem geborgenen Holz abdecken.
Unmengen davon hatten die Wellen angetrieben.

Derweil unsere Ausbilder der Meinung waren, dass sich das Wetter bis nach dem Mittagessen noch weiter beruhigen würde, entschieden sie, dass wir die Segel anschlagen sollten, um nach der Mittagspause doch noch hinaus auf den See zu fahren. Das bisschen Regen konnten einem Wassersportler doch nichts anhaben.
Und so begaben wir uns in die Boote, die natürlich doch sehr unruhig im Wasser lagen und machten sie klar, bevor es zum Essen ging.

Abermals kehrten wir in der Seekrone ein, wo wir wie immer gut versorgt wurden. Man ließ sich heute ein wenig länger Zeit beim Essen, denn schließlich war das Wetter da draußen nicht sehr einladend.
Und die Hoffnung, dass es besser wurde, zerschlug sich auch. Der Wind frischte wieder auf, der Regen regnete ein wenig mehr und der Nebel legte sich noch breiter über den See als am Vormittag.
Die Entscheidung unserer Ausbilder konnte eigentlich nur heißen, dass wir heute nicht mehr zum Segeln kamen.

Und so hieß sie dann auch: „Segel an den Booten wieder abschlagen und für heute Feierabend machen!"

Also kletterten wir wieder an der kleinen Leiter an der Mole hinunter, um über die schmalen Stege, in die Boote zu gelangen. Der kleine Schritt vom Steg hinüber ins Boot wurde wieder einmal zur Aufgabe. Denn heute war es besonders glitschig in den Booten und sie tanzten (oder soll ich besser sagen, sie wogen sich im Wind, was wirklich gelogen wäre) natürlich richtig Rock'n'Roll in den immer wieder aufsteigenden und fallenden Wellen.

Dennoch, wir waren ja nun schon über eine Woche am See und hatten gelernt, wie wir in die Boote kamen. Und bei der mir eigenen Beweglichkeit war das gar kein Problem für mich! Der Seewolf setzte seinen Fuß auf die Bootswand und schwang sich hinüber.

Daniel war bereits im Boot und machte es gewichtsstabil, sodass es sich etwas langsamer bewegte. Wir machten uns daran die Segel zu bergen und trotz des miesen Wetters lief alles wunderbar.

Es lief alles solange wunderbar, bis ich dem Stück Holz aus Kapitel eins dieses Buchs wieder begegnete. Es trieb heute nämlich nicht auf einem langsam fließenden Fluss so vor sich hin.

Nein es lag auf dem schmalen Steg, der sich entlang der Mole schlang. Etwa vierzig Zentimeter breit und etwa zwanzig Zentimeter von der Mole weg.

Das Stück Holz, das mein Leben widerspiegelte, war etwa zwölf Zentimeter lang und hatte einen Durch-

messer von etwa drei Zentimetern.
Ich hatte das Großsegel über die Schulter geworfen und war in einer nicht enden wollenden Eleganz aus dem Boot auf den Steg gelangt, wo ich zunächst sicheren Schrittes daherkam.
Durch das Segel war mir wohl ein wenig die Sicht auf den Steg versperrt, sodass ich auf das Stück Holz trat, das sich plötzlich in eine Rolle verwandelt haben musste.
Mir zog es den linken Fuß nach vorne weg, sodass ich damit sofort zwischen das Eisengitter des Stegs und der Molen-Wand absackte.
Ich merkte sofort, dass es mir einen Hautfetzen von der rechten Seite meines Knöchels des linken Fußes abriss und mich selbst in die Tiefen des Bodensees riss.
Doch weit hinunter kam ich nicht, da ich mit dem rechten Knie auf das Eisengitter aufschlug und sofort einen warmen Strahl bemerkte, der mir am rechten Schienbein hinunterlief. Ich blutete.
Schlimmer jedoch war der Schmerz im rechten Oberschenkel, den ich im selben Moment verspürte, als mein Knie auf dem harten Stahl aufschlug.
Manch einer hätte sich bei dieser Aktion sicherlich das Bein gebrochen, ich nicht. Ich verspürte nur diesen grellen Schmerz und spürte, dass irgendetwas im Oberschenkel gerissen sein musste. Es tat höllisch weh!
Aber ich hatte das Großsegel gerettet und war nicht in die tobende See gestürzt. „Seewolf über Bord" an der

Mole, das ging ja gleich gar nicht!
Daniel nahm mir das Segel ab und ich quälte mich die kleine Leiter an der Hafenwand nach oben.

Ich spürte sofort, dass mich dieser Sturz meiner gesamten Geschmeidigkeit beraubt hatte.

Wie sollte ich jemals wieder meine Schildkröten-Rolle auf der C55 machen? Ich konnte vor lauter Schmerzen kaum mit dem linken Fuß auftreten und es fiel mir sehr schwer, mich auf dem rechten Bein abzustützen, da der Oberschenkel wahnsinnig weh tat.

So ein Sch… aber auch!

Das war heute ja wirklich ein sehr gelungener Segel-Tag. Ich hatte genug, verabschiedete mich von den anderen und hinkte davon, als ob man mir soeben ein Holzbein verpasst hatte – Seemannsschicksal kam es mir durch den Kopf.
Jetzt fehlte nur noch, dass ich in meiner Schusseligkeit gegen einen anderen Ast rannte, der von einem Baum weg stand, mir das Auge ausstach und auch noch eine Augenklappe verpasst bekam – Seemannsgarn!
Nein, es kam zu keiner Augenklappe.

Aber ich besorgte mir auf dem Heimweg gleich mal eine schmerzlindernde Salbe und eine Binde, um den Oberschenkel zu verarzten. Auch ein Pflaster musste für das blutende rechte Knie her, die Schürfung am linken Knöchel hingegen war eher harmlos.

Dass meine linke Seite patschnass war, war ebenso Nebensache wie mein kaputter linker Turnschuh, den ich mir beim „Absaufen" aufgerissen hatte.

Zuhause angekommen hatte ich große Mühe die zwei Stockwerke hochzukommen. Die Schmerzen waren nicht von schlechten Eltern. Nachdem ich mich oben medizinisch versorgt hatte, drängte sich der Gedanke auf, den Kurs jetzt abbrechen zu müssen, denn schließlich hatte ich mich ja sehr schwer verletzt!

Dieses Bodensee-Schiffer-Patent hier beinhaltete wirklich alles:
Fragenkatalog mit fast fünfhundert Fragen, zu beantworten in wenigen Tagen! Windstärke vier, die mich schier aus dem Motorboot fegte, als ich die praktische Prüfung machen wollte. Ertrunkener Schlauchbootfahrer. Vom Großbaum geschlagene Frau. Veilchen! Sonnenbrand und Sonnenstich bis zum plötzlichen Black Out und Verlust des Gedächtnisses. Patenthalsen, Flauten und Stürme. Baumstämme und runde Äste im Hafen. Stürze in die tobende See von der Mole weg. Brutale, blutende Wunden. Verzweiflung, ob der Kurs überhaupt noch zu schaffen war.

Und immer wieder die Frage: "Auf was habe ich mich hier nur eingelassen?"

Zu Tode betrübt lag ich da nun im Wohnzimmer meiner Tochter, die Beine hochgelegt, verbunden und mit Eis gekühlt.
Würden meine Wunden bis Freitag heilen und würde ich meine Geschmeidigkeit bis dahin wiedererlangen.

Würde ich wieder so beweglich werden und mich tollkühn unter dem Großbaum rollen können und blitzschnell ausweichen, wenn er versuchte mich zu erschlagen?
Würde ich das trotz meiner großen Beeinträchtigungen durch Holzbein und Augenklappe jemals schaffen können?
Immer wieder rissen mich die heftigen Schmerzen aus meinen Wahnvorstellungen und brachten mich in die Realität zurück. Nein – ein Aufgeben würde es für mich jetzt nicht geben, zwei Tagen vor Ende zweier wunderbarer Wochen am Bodensee!
Und wenn ich mich auf allen vieren in das Boot schleppen müsste, hier wird jetzt durchgezogen, schmerzte es was es wollte!

Vielleicht kamen mir diese komischen Gedanken ja auch, weil ich den Eindruck hatte, dass sich der Sonnenstich noch nicht so richtig verzogen hatte.
Irgendwie war ich immer noch neben der Kappe.

Dennoch stand für mich fest:
"Das ziehst du jetzt durch, du mutiger Seewolf, du!"

An diesem Abend konnte ich nicht gleich einschlafen, zu sehr gingen mir die Ereignisse des heutigen Tages durch den Kopf.

Mir fiel das Stück Holz nochmals ein, das am Anfang dieses Buches in einem langsam dahinfließenden Fluss vor sich hintrieb und mein Leben widerspiegelte.
Und mir fiel ein, wie dasselbe Stück Holz, heute mein Leben wieder ins Rollen brachte, als ich darauf trat, wenngleich ich sicherlich etwas Anderes erwartet hatte, als ich plante zu meinen neuen Ufern aufzubrechen.
Aber nein, es wäre gelogen, wenn ich hier behaupten würde, mit dem Erlebten der zurückliegenden fast zwei Wochen, unzufrieden zu sein.

Sie waren eine wirkliche Bereicherung für mich und schon deshalb war ich es mir schuldig, die Sache, wenn nötig auch unter Schmerzen zu Ende zu bringen.

21 Der Tag der Generalprobe

Überraschenderweise waren die Schmerzen am Oberschenkel am nächsten Tag sehr viel erträglicher geworden.
Nur beim Treppensteigen oder wenn ich sonst eine unkontrollierte Bewegung machte, taten sie noch weh.
Autsch! Drehbewegungen konnte der Oberschenkel offensichtlich doch noch nicht so gut vertragen.

Dennoch, das Wetter war heute wieder schön, geradezu ideal zum Segeln. Und mein Sonnenstich schien sich auch verzogen zu haben. Ich verstand alle Dinge, die ich tat und warum ich sie tat. Also hatte es auch hier eine Besserung gegeben, was mich einigermaßen beruhigte.

Die Autofahrt nach Wasserburg war sehr entspannend und dort angekommen ging es auch heute wieder sofort in die Boote.
Felix fragte nach meinen Beschwerden und ich bat ihn, wenn ich nicht als Schiffsführer eingesetzt war, doch bitte seinen Platz im Bug einnehmen zu dürfen, um meine Verletzungen vielleicht doch noch ein wenig zu schonen.
Das kam meinem Plan aus Kapitel zwei, so ziemlich entgegen, ganz relaxt auf dem Segelboot zu liegen und ein wenig in der Sonne zu entspannen.
Es war wirklich entspannend, zumal ich heute auch wieder mit Begriffen wie Wende oder Halse etwas

anfangen konnte.
Außerdem begrüßte ich die mir bekannten Winde ohne große Überlegung mit Namen. – Den Sonnenstich hatte ich zweifelsohne überstanden.

An diesem Morgen fuhren wir nochmals alle Manöver durch, da für den Nachmittag die große Generalprobe anstand.
Jörg, der Chefausbilder und Betreiber der Segelschule wollte sich ein Bild davonmachen, welche seiner Zöglinge am morgigen Freitag zur praktischen Segelprüfung zugelassen werden sollte.
Meine Leibesübungen an diesem Vormittag bestanden nur darin, das Steuer zu bedienen und im Bedarfsfall, nach einem Wendemanöver, von einer Bootsseite auf die andere zu kommen.
Daniel war so freundlich und brachte durch gezielte Gewichtsverlagerungen das Boot in eine Schräglage, die mir half, trotz Verletzung, von der Bordwand ohne große Mühe aufzustehen.
Außerdem hatte ich nun endlich herausbekommen, wie weit vorne ich im Boot sitzen musste, um die Seiten zu wechseln, ohne groß über die Pinne zu steigen.
Elegant lief ich vor ihr vorbei und übergab hinter meinem Rücken die Pinne von einer Hand in die andere, um sie nach dem Seitenwechsel gleich wieder korrekt bedienen zu können.

Ich machte ohne Zweifel Fortschritte, auch auf dem Gebiet, wie manche Vorgänge praktisch abliefen, ohne meine in der Zwischenzeit, in der Segelschule, bekannt gewordene Schildkröten-Rolle noch einmal anwenden zu müssen.

Als ich es mir wieder im Bugbereich bequem gemacht hatte, kam Jörg mit dem Motorboot längsseits, um sich einen Eindruck von den Gegebenheiten an Bord zu machen. Als er mich da vorne so relaxt rumlümmeln sah, meinte er nur, dass ich nicht die Deluxe-Version der Segelausbildung gebucht hätte, sondern schon aktiv am Geschehen teilnehmen sollte.

Erst als er von meinem Missgeschick vom Vortag hörte, ließ er mich mit den Worten: "Aber so eine nette kleine Meerjungfrau gäbe sicherlich ein hübscheres Bild da vorne drinnen ab als du!" gewähren.

Also verbrachte ich den Rest des Vormittags als super coole Gallionsfigur, die ihr Bestes gab, um hübsch auszusehen. Aber das wollte mir nicht so wirklich gut gelingen, auch wenn ich hin und wieder einmal versuchte, mit der Schwanzflosse zu wedeln.

Bei zwei bis drei Windstärken und schönem Wetter segelten wir also auf das Mittagessen zu.

Abermals waren wir sehr damit zufrieden, was uns in der Seekrone vorgesetzt wurde. – Noch schnell einen Kaffee am Kiosk und dann wieder zurück in die Boote. Auf dem Weg dorthin fiel mir ein, dass ich bisher noch keinen Kaffee in unserem Speiselokal getrunken hatte. Aber ich war mir sicher, dass er dort genauso gut schmecken würde.

Mein Oberschenkel schmerzte immer noch ein wenig und komische Bewegungen nahm er mir sofort übel.

Doch das schöne Wetter und die idealen Voraussetzungen für uns zum Segeln, versetzten mich in eine tolle Stimmung, zumal auch vom Sonnenstich jetzt überhaupt nichts mehr zu spüren war.
Ich war sozusagen fast topfit und geschmeidig wie eh und je.
An diesem Nachmittag stachen wir wieder mit drei Booten in See. Jörg hatte mit Neuankömmlingen zu tun, während wir damit begannen unsere ersten Manöver zu fahren.
Dann kam er mit dem Motorboot zu uns auf den See hinausgefahren. Er hatte noch zwei weitere Personen an Bord, die wir nicht kannten. Über Funk bat er uns mit den Segelbooten ein wenig dichter zusammenzufahren, damit er alle im Blick hatte.

Die Generalprobe konnte beginnen.

Zunächst teilten die drei Ausbilder auf den Segelbooten immer mit, wer gerade als Schiffsführer an der Pinne saß.

Zufälligerweise war ich an diesem Mittag als erster daran.
Wie gesagt, ich war super gut gelaunt und hatte den Überblick wohl das erste Mal so richtig über alles, was ich an Bord tat.
Alle Manöver klappten wirklich gut und ich überwand mich sogar laute und präzise Kommandos zu geben.

Den Manöverkreis machte ich geradezu mit links und das nicht nur, weil ich links herumsegelte.
Beim „Mensch über Bord" musste sich die Boje nicht lange gedulden, bis ich sie wieder aus dem Wasser holte. Ich kam genau auf „Halbwind-Kurs" aus der Q-Wende heraus und legte einen Super-Aufschießer hin, der mich perfekt neben der Boje zum Stehen brachte.
Ich glaube an diesem Generalproben-Nachmittag hatte ich die Grundregeln des Segelns so richtig kapiert und fand, dass ich eines Tages einen guten Seewolf abgeben könnte.
Doch für heute hatte ich meine Schuldigkeit getan und durfte zurück in den Bug und den anderen dabei zusehen, wie auch sie ihre Manöver zur Zufriedenheit unseres Ausbilders hinbekamen.
Ob Jörg damit auch einverstanden war, würde er uns nachher an Land mitteilen. Außerdem würden dann die Kandidaten für die morgige Prüfung feststehen.
Doch ich war mir eigentlich sicher, dass auch ich zu diesen Kandidaten gehörte, na sagen wir mal zu 96%.
Am Spätnachmittag ging es zurück in den Hafen, wo

wir die Segel bargen und die Boote vorschriftsmäßig festmachten.
Jörg und die anderen blieben noch auf dem See und ließen uns ein wenig warten. Also gab es noch einen guten Kaffee am benachbarten Kiosk.
Es ging schon auf die halb sechs zu, bis die drei endlich mit dem Motorboot am Steg anlegten. Wir waren mächtig darauf gespannt, wie Jörgs Urteil ausfallen würde. Doch der machte überhaupt keine Anstalten mit uns zu reden.

Nein, ganz im Gegenteil.

Einer seiner zwei Begleiter begrüßte uns mit den Worten: "Ich bin der Herr „Sowieso" vom Landratsamt Lindau und habe ihnen heute Nachmittag die praktische Prüfung für ihren Segelbootführerschein abgenommen. – Ich gratuliere ihnen, sie haben alle bestanden!"

Eh, wie verrückt war das denn?

Jetzt endlich machte auch Jörg seinen Mund auf und erklärte uns, dass für den morgigen Freitag eine Sturmwarnung für den Bodensee vorausgesagt worden war. Damit würde es unmöglich sein, die Prüfung, wie geplant, am Freitag abzunehmen.
Da aber einige seiner Schüler von sehr weit her angereist waren und ihr Urlaub zu Ende ging, wollte er die Prüfung unbedingt noch in dieser Woche machen.

Am Samstag wäre keine Zeit dafür gewesen, weil ja da bereits schon wieder ein neuer Kurs beginnen würde.

Das war ja mal ne richtig dicke Überraschung.

Und weil alle bestanden hatten, hatte er wieder einmal alles richtiggemacht. Vor allem die, welche unter Prüfungsangst litten, waren ihm sehr dankbar dafür.

Im ersten Augenblick konnte ich es nicht so recht fassen, dass damit mein Abenteuer „Neue Ufer" so plötzlich sein Ende gefunden hatte.
Und, ich war froh, dass ich mich gestern Abend dazu durchgerungen hatte, auch die letzten zwei Tage durchzuhalten, auch wenn ich noch so unter meinen Schmerzen hätte leiden müssen.
Aber nun hatte sich auch das erledigt. Ich war fertig! Fertig mit meiner Ausbildung zum Erlangen des Bodensee-Schiffer-Patents!

Und ich hatte es geschafft, ich hatte auch die Segelbootprüfung bestanden!

Yeah, YeaH, YEAH!

Ich freute mich richtig darüber.

Ein kurzer Rückblick über die letzten zwei Wochen streifte meine Gedanken, begleitet von dem Satz:

„Worauf habe ich mich da bloß eingelassen?"

Und ja, ich war ein wenig stolz auf mich! Ich hatte mein Abenteuer, und das war es wirklich, erfolgreich abgeschlossen.
Doch während ich mich gedanklich noch hochleben ließ, fragte mich jemand nach meinem Namen, wie er unter Schwimmern bekannt sei.
Unter Schwimmern nennt man mich „The Stone" zu gut deutsch „Der Stein", aber warum willst du das jetzt wissen?

„Nun, der Tradition wegen!"

Und die Tradition sagte, dass alle Schüler die die Prüfungen zum Schiffer-Patent bestanden hatten, einmal kurz, samt Klamotten, in den See geworfen wurden, um Neptun oder Poseidon, oder wem auch immer, dieser römischen oder griechischen Meeresgötter, zu zeigen, dass es neue Skipper gab, die sie retten oder ärgern konnte, geradeso, wie es ihnen gefiel!

Ich würde es Neptun zeigen, entschied ich mich, während wir auf der Mole zur Hafeneinfahrt gingen.

Dann hieß es „Auf drei!"

Und es sprangen zwölf neue Skipper
(Menschen = Männer + Frauen) „bei drei" zur „Wassertaufe" in den Bodensee.

Beim Eintauchen ins Wasser stockte mir der Atem, denn ich befürchtete, dass ich bei meinem Sprung direkt auf Neptuns Dreisatz gelandet war.
Ein stechender Schmerz durchdrang meinen ganzen Körper. Aber es war nicht Neptuns Dreizack, der mich erschrecken ließ! Es war die Wassertemperatur von gerade mal sechszehn schlappen Grad!

„Ach leck mich doch am nassen A..!", wäre es mir sicherlich über der Wasseroberfläche entglitten, aber „The Stone" befand sich noch im Sinken, sodass ich lieber meinen Mund hielt, um kein Wasser zu schlukken – erster Erfolg für Neptun?
Vielleicht, denn es ging ja bekanntlich ruhig unter Wasser zu.

Also sechszehn Grad, war ja wohl dann doch die Härte.

Aber Jörg befand abermals, dass wir nicht die Deluxe-Version der Ausbildung gewählt hätten, die einen Whirlpool mit achtundzwanzig Grad im Hafenbecken beinhaltet hätte.
Und so mussten wir uns mit den Temperaturen zufriedengeben, die der Bodensee heute für uns bereithielt.

Doch im Grunde war es halb so schlimm, denn alle hatten trockene Wechselsachen dabei. Schließlich wurden wir in den zurückliegenden dreizehn Tage im Wassersport ausgebildet und da war es natürlich Gang und Gebe, dass man zuweilen ein wenig nass wurde.

Und um der Tradition Willen hatten wir unseren Spaß, obschon uns einige Touristen etwas komisch anschauten, als wir da so pitschnass aus dem Hafenbecken stiegen und die Promenade entlangliefen!

Obwohl ich nun trockenen Sachen anhatte, fror ich doch noch, denn die sechszehn Grad, waren durch Kleidung, Haut und Muskeln direkt bis auf die Knochen durchgegangen.
Noch einmal fiel mir unser „Mensch über Bord"-Manöver ein und die Tatsache, dass man bei sechszehn Grad Wassertemperatur nicht unbedingt über Gebühr im Bodensee verweilen wollte.
Und so war ich nach unserer Wassertaufe auch einer der ersten, die wieder an Land gewesen waren.
Den anderen musste wohl auch kalt geworden sein, denn nun hielten wir uns nicht länger am Hafen auf, da es schon gegen halb acht ging und die Sonne immer mehr an Kraft verlor.

Wir wünschten uns viel Spaß bei unserem neuen Hobby sowie Mast- und Schotbruch.
Und nun endlich konnte auch ich mir etwas unter diesem wohl bekannten Sprichwort vorstellen, denn ich hatte ja im zarten Alter von einundsechzig Jahren gelernt, was Schoten sind!

Mein Gott, war ich schlau geworden!

Donnerstagabend, morgen noch Urlaub und das Bodensee-Schiffer-Patent bestanden!

Wenn das mal kein Grund zum Feiern war.

Also ab ins Auto, du Kapitän der Land- und Wasserstraßen und an den Stammtisch, um mit deinen Freunden zu feiern!

Und so trafen wir uns daheim im Pub, um ein Schälchen eines Bieres zu nehmen und ich berichtete, wie es mir in den Wochen am Bodensee ergangen war.

Wieso in Urlaub fahren, wenn es hier bei uns genauso schön war? Und dann noch einen überaus interessanten Aktivurlaub erlebt zu haben, der Lust auf mehr machte.

22 Prüfungstag Nr. 3 – Segelboot

Ich berichtete, dass ich unverhofft einen Tag früher frei bekommen hatte und erzählte und trank und trank und erzählte.
In den Morgenstunden des offiziellen Prüfungstag Nr. 3 fuhr ich mit meinem Auto nach Hause, um in einer Polizeikontrolle alle meine drei Führerscheine zu verlieren, von denen ich zwei noch gar nicht zugestellt bekommen hatte.

Dies wäre jetzt zum Beispiel ein ganz tragischer Ausgang meiner Erzählungen meines Ausflugs zu neuen Ufern gewesen.

Doch so geschah es zum Glück nicht, denn ich kann von meiner Wohnung aus, alle wichtigen alkoholischen Versorgungszentren innerhalb von sieben Minuten erreichen.
Und so ist es natürlich ganz klar, dass ich am Wochenende zuhause kaum einmal ein Auto brauche.

Dies geschah also so nicht.

Aber es geschah am folgenden Freitag etwas Komisches, für das mich meine Freunde zunächst einmal verantwortlich machen wollten…

23 Fährschiff versenkt Segelyacht

Eine der Schnellfähren auf dem Bodensee hat am Freitagnachmittag vor Hagnau eine Segelyacht gerammt, das Boot zerbrach und sank sofort.
Die beiden Segler landeten beim Aufprall im Wasser. Der Kapitän des Katamarans „Constanze" hatte auf der Fahrt von Konstanz nach Friedrichshafen gegen 17 Uhr am Freitag offenbar auf Höhe Hagnau die Segelyacht übersehen und seitlich gerammt. Das teilte die Wasserschutzpolizei mit. Das Segelboot brach auseinander und sank sofort.

Ehepaar aus dem Wasser gerettet

Das Ehepaar, das an Bord der 150.000 Euro teuren Yacht vom Typ „Faurby 330" war, wurde beim Aufprall ins Wasser geschleudert. Sie trugen keine Schwimmwesten. Die beiden wurden von der Besatzung des Katamarans aus dem kalten Bodensee geborgen und an Land gebracht.

155.000 Euro Schaden

Polizeiboote aus Konstanz, Kreuzlingen und Friedrichshafen sowie ein Boot der DLRG suchten anschließend die Unfallstelle nach Treibgut ab.
Es entstand Sachschaden von rund 155.000 Euro, der Katamaran ist laut Katamaran-Reederei vorerst fahrunfähig.

Ob die gesunkene Segelyacht gehoben werden kann und soll, ist unklar. Vor Hagnau ist der Bodensee 240 Meter tief.

Wasserschutzpolizei ermittelt

Die Wasserschutzpolizei ermittelt nun gegen den Kapitän des Katamarans wegen Gefährdung des Schiffsverkehrs.

Katamarane müssen – anders als Fähren und Kursschiffe – auf dem offenen Bodensee Segelbooten ausweichen.

Nur im Konstanzer Trichter haben auch die Schnellfähren Vorrang vor allen anderen Wasserfahrzeugen.

24 Ich war's nicht – ehrlich!

An diesem Freitagabend bekam ich etliche What's Apps.

Es wurde darin spekuliert, ob es wirklich sein konnte, dass ich kurz nachdem ich das Bodensee-Schiffer-Patent bekommen hatte, gleich eine Yacht versenkte?

Auch wenn mir das einige meiner Freunde nicht wirklich zutrauen würden, so sei es doch etwas merkwürdig oder etwa nicht?

Kaum hatte der Bahro den Motor- und Segelbootführerschein, schon ginge das Schiffchen versenken am Bodensee los!

Also blieb mir nichts anders übrig, ihnen zu erklären, dass ich nicht den Bootsführerschein der Kategorie B gemacht hätte, der zum Führen eines Fahrgastschiffes berechtigte.

Auch war ich nicht der Führer der 150.000 Euro teuren Yacht, denn ich hatte meine Führerscheine für das Bodensee-Schiffer-Patent noch gar nicht erhalten. Dies würde noch ca. zwei Wochen dauern und solange durfte ich gar kein Boot führen.

Außerdem konnte ich mir auch nicht die von Jörg so oft angeführte Deluxe-Ausbildung in seiner Segelschule leisten (die mit Whirlpool im Hafen, sie wissen schon).

Wie zum Teufel also sollte ich mir da eine 150.000 Euro teure Yacht leisten können?

Nun, das war ein Argument, das wohl den meisten meiner Freunde einleuchtete und so glaubten sie mir schließlich, als ich ihnen per App antwortete:

„Ich war's nicht – ehrlich!"

25 Quellennachweise und Helfer

Bei kleineren Teilen meines Manuskripts erlaubte ich mir die Hilfe anderer in Anspruch zu nehmen.

Für den fachlichen Teil habe ich in folgenden Büchern geschmökert:
Das Bodensee-Schiffer-Patent A+D
ISBN 978-3-667-10441-0
Delius Klasing Verlag - 33602 Bielefeld
www.delius-klasing.de

Schifferpatent für den Bodensee - Übungsbuch
ISBN 9 783927 936768
und
Leg an - Häfen und Liegeplätze am Bodensee
ISBN 9 783927 936638
IBN-Verlag 72334 Balingen, www.ibn-online.de

Für Wissenswertes über Wasserburg war ich auf folgenden Internetseiten unterwegs:
https://de.wikipedia.org/wiki/Wasserburg_(Bodensee)
http://www.wasserburg-bodensee.de/gemeinde/start.html

Für den Bericht über die Versenkung einer Yacht im Bodensee:
http://www.swr.de/landesschau-aktuell/bw/friedrichshafen/katamaran-versenkt-segelyacht/-/id=1542/did=17957640/nid=1542/15ilqwu/index.html

Für die Aufzählung der Fachgebiete während der theoretischen Prüfung

Prüfungsprotokoll des Landratsamt Lindau
88131 Lindau (Bodensee)

Für die Gestaltung des Layouts habe ich folgende Menschen bemüht:

Titelfoto
Jürgen Bahro - 88316 Isny im Allgäu

Titelseite
Jürgen Bahro - 88316 Isny im Allgäu

Lektorat
Mein Bauchgefühl, in Unwissenheit der neusten Rechtschreibregeln - 88316 Isny im Allgäu

Für ein paar billige Gags
habe ich mich, und das sei mir verziehen, ein wenig über andere Menschen lustig bemacht – aber wer lesen kann, hat sicherlich bemerkt, dass ich mich selbst dabei nicht ausgenommen oder verschont habe!

Und - nicht alles was geschrieben steht, ist wahr...

26   Über den Autor

Jürgen Bahro
geboren am 03.07.1955
in Gelsenkirchen.

Im „normalen Leben" Maschinenbautechniker, technischer Illustrator und Bearbeiter von technischen Dokumentationen.

Dreifacher Vater, dreifacher Opa und … noch nicht dreimal geschieden, sondern erst zweimal, aber das kann ja noch kommen...

Hobby-Träumer, Hobby-Lebenskünstler, Hobby-Fahrradfahrer, Hobby-Bouler, Hobby-Schlechter-Autor, Hobby-Musikliebhaber und Hobby-Guter-Kneippengänger.

Warum schreibe ich?

Laut einem Lebenserwartungs-Rechner im Internet, der die Sterbetafel des Statistischen Bundesamtes in Wiesbaden von 2009 zugrunde legt, habe ich ab heute noch 20,15 Jahre zu leben.
Ich werde also am 13.11.2036 mit 81,15 Jahren sterben!

Das bedeutet für mich, dass ich nicht erst die Hälfte, sondern bereits dreiviertel meines Lebens hinter mich gebracht habe.
Das ist schade, denn zuweilen träume ich davon 120 Jahre alt zu werden. Doch irgendwie bewahrheitet sich wohl der Spruch
„Lebe, denn es ist später als du denkst!"

Es gibt Tage in meinem Leben, an denen ich mich wie 81,15 Jahre alt fühle. Das sind meistens die, wenn mir irgendetwas weh tut.
Meistens tut mir irgendetwas weh, wenn ich mich um ein Mitglied meiner Familie sorge. Und dann denke ich, dass das mit den 120 Jahren vielleicht doch nichts werden könnte.
Oder aber es tut mir etwas weh, wenn ich zum Beispiel geschmeidig unter dem Großbaum eines Segelschiffs hindurch robbe...

Gelebt habe ich bisher und zwar intensiv, leidenschaftlich und schon gar nicht normal. Denn oft habe ich das Gefühl, dass das Leben mich steuert und nicht ich mein Leben!

Doch wenn das, was das Leben mit mir macht, mir zu viel wird, dann versuche ich mir ganz bewusst Zeit für mich zu nehmen, um etwas zu machen, das mir Spaß macht und Freude bereitet.
Zu Dingen, die mir Spaß bereiten, würde unter anderem auch das Küssen zählen. Aber in Lebensabschnitten, in denen es keine Frauen gibt, die ich küssen kann, lasse ich mich besonders gerne von den Musen küssen.
Und so habe ich die Lust am Schreiben für mich entdeckt. In erster Linie schreibe ich, weil es mir Spaß macht. Ich tue es um des Schreibens Willen. Ich habe Freude daran, wie sich manche Sätze selber bilden und wie einfach es ist, mit Worten zu spielen.

Und wenn es dann noch Menschen gibt, die Gefallen an dem finden, was ich schreibe, dann ist das sehr schön, wenn ich ihnen ein wenig Ablenkung verschaffen kann.

Jürgen Bahro

27 Inhaltsverzeichnis

01	Der Blues	2
02	Impressum	4
03	Rock`n`Roll	7
04	Das Bodensee-Schiffer-Patent	11
05	Der Sportbootführerschein Binnen	12
06	Start mit Hindernissen	13
07	Keinen Rock`n`Roll	18
08	Noch mehr Theorie	24
09	Motorboot yeah!	32
10	Ruhiger Tag, stürmischer Abend	40
11	Ein blaues Auge und ein Ertrunkener	47
12	Prüfungstag Nr. 1 – theoretisch	50
13	Prüfungstag Nr. 2 – Motorboot	61
14	Kurzaufenthalt daheim	70
15	Wasserburg	71
16	Segelboot yeah!	73
17	Gnadenloser Wind	85
18	Gnadenlose Sonne	97
19	Black Out	105
20	Das andere Gesicht des Bodensees	110
21	Der Tag der Generalprobe	120
22	Prüfungstag Nr. 3 – Segelboot	131
23	Fährschiff versenkt Segelyacht	132
24	Ich war's nicht – ehrlich!	134
25	Quellennachweise und Helfer	136
26	Über den Autor	138
27	Inhaltsverzeichnis	141
28	Weitere Bücher von Jürgen Bahro	142

28 Weitere Bücher von Jürgen Bahro

Mörder(-macher)
Gedanken eines entsorgten Vaters
ISBN: 9 783837 020 786

Kann man das?

Ich meine, kann man so einfach seine Eltern fragen, was sie 1954 inspiriert hatte einen Buben zu zeugen? Wahrscheinlich nicht, außerdem könnte die Antwort ja sein, dass eigentlich ein Mädchen erwünscht gewesen wäre. Vielleicht war aber auch nichts erwünscht, denn immerhin war der Bub bereits einige Monate alt, bis geheiratet wurde.

Vielleicht war es die romantische Musikmischung, angefangen bei Paul Kuhns „Geben sie dem Mann am Klavier noch ein Bier" über Lale Andersons „Das rote Licht der kleinen Bar" bis hin zu Catarina Valentes „Ganz Paris träumt von der Liebe", die, die beiden in ihren Bann zog und die Dinge geschehen ließ? Ich weiß es nicht …

Immerhin sang im darauf folgenden Jahr 1955 Bully Buhlan „Ich möchte auf deiner Hochzeit tanzen". Und so geschah es dann auch, dass mein Vater unter den Klängen von Catarina Valentes „Casanova" meine Mutter zur Frau nahm, die bereits erwähnte Tochter zeugte und - nicht in das von Bruce Low besungene „Haus von Rocky Docky" zog, sondern in das bescheidene Bergmannshäuschen seiner Schwiegereltern, in den Krahwinkel 26 in Gelsenkirchen.

Alptraum

Drinnen erwies sich die Handgranate als Gummiattrappe.
Fassungslos kauerte Hansi, der Gerichtspfleger im Eck des Verhandlungszimmers. Kraftlos wurden seine Hände und die Pistole glitt ihm durch die Finger, fiel zu Boden.

Er schaute in das Gesicht der jungen, toten Tochter seines Vetters. Soeben hatte er ein Mitglied seiner Familie, in Erfüllung seiner Pflicht, erschossen....

In seinem Kopf schwirrten die Gedanken und etwas in ihm schrie ihn an: „Mörder - Mörder!"

Sein Blick kreuzte den der Richterin und das Wort in seiner Phantasie zerfloss und formte sich um - zu:

„Mördermacher!"

57 Stunden
Reisebericht eines Flugangsthasen
ISBN: 9 783844 801 842

Landung
Ja, nur zu gut konnte ich mich daran erinnern, wie der Pilot damals die Maschine auf die Landebahn knallte, kaum dass sie Bodenkontakt hatte, in die Eisen stieg, um sie zu bremsen. Ich dachte schon, dass sie vorne die Nase noch einmal abheben würde, um hinten mit dem Heck auf den Asphalt aufzuschlagen. Ich sah sie auseinanderbrechen oder aber am Stück im Meer versinken, das rasend schnell auf uns zu kam...

Start
Der Pilot heizte die Maschine so sehr an, dass der gesamte Rumpf des Flugzeuges zu schwingen begann. Es schien, als wollte er alles aus den Triebwerken herausholen. Dann ließ er los und es drückte mich dermaßen in meinen Sitz, dass ich das Gefühl hatte meinem Hintermann auf dem Schoss zu sitzen.
Wie ein Pfeil schoss sie über die Landebahn und wurde sofort nach oben gerissen. Steil zog sie zum Himmel hinauf, so steil, dass ich die erste Sitzreihe über mir sehen konnte.
Doch kaum etwas höher angekommen, riss er sie nach links, um uns nun endgültig das Gefühl des Fliegens im dreidiensionalem Raum zu geben.
Ich merkte, dass auch andere Fluggäste keinesfalls von dieser Showeinlage begeistert waren...